情報の人間科学

―認知心理学から考える―

中島義明　著

コロナ社

ま　え　が　き

現代社会においては、これまで人類が経験してきていないさまざまな人間をめぐる問題が出現している。その中には、特に、情報と人間とのかかわり方に起因していると思われるものがある。例えば、コンピュータを基盤とする情報処理速度の増大によりもたらされるような問題がある。増加する余暇のあり方やその利用に関する問題もある。さらには、コンピュータの発展による高度情報化・インテリジェント化に象徴されるようないわゆる情報テクノロジーに対する適応の問題や、複雑化する情報環境に基づく心身にわたるストレスへの対処の問題などもある。

これらの諸問題に対する「解」は、個別的学問分野からだけの接近では到底到達不可能である。それゆえに、諸学問がたがいの垣根を低くし、領域横断的に協同しようとする「総合学」志向のベクトルが生まれよう。このようにして、「人間」存在というものをモザイク的ではなく総合的・総体的な枠組みの中で理解しようとする十九世紀以来のサン・シモン、シュトラッサー、ピアジェらによりそれぞれ主張されてきたこれまでの「人間科学」構築の学問的営みとも重なり合うことになる。ここに、それらが一体化した結果としての、以下のような四つの特徴により概念化され得る今日的な『人間科学』の登場があるように思われる。①「プロブレマティック（problematic）」な科学の性質を帯びている。② 人文・社会科学と自然科学との相互浸透性が存在する。③ 基礎と応用の相互浸透性が存在する。④「人間の本性」というテーマに向き合う。

本書の執筆は、当初は、このような『人間科学』が有する学問的トレンドに刺激を受けて、「情報の『人間科学』」という視点に立って書き進められることが企図された。しかし、いかんせん著者の力をはるかに超える大きくして難しいテーマであったので、実際のところは、著者の専門とする「認知心理学」を中心に据え、著者の力で可能なところでその垣根を多少低めというかあまり意識しないことにし、他領域への横断を若干試みた程度のものしか書けなかった。それゆえに、書名に十分に見合った内容となってはいない。それにもかかわらず、『情報の人間科学』と題することはじつにおこがましいことではあるが、この種の視点の重要性を主張したいという著者の強い思い入れに免じて、読者の許しを請いたい。

最後に、昨今の厳しい出版事情の中で本書の刊行を快く引き受けてくださったコロナ社と、原稿の入力作業を全面的に支援してくださった早稲田大学人間科学研究科博士課程の大学院生である島崎　敢氏に対して心からのお礼を申し上げたい。

二〇〇七年六月

中島　義明

目　次

第18章　食情報と人間

第19章　情報に対して行う人間の直観的量判断

第1章

「心」を科学する

〔1〕 心の理の学と物の理の学

人間の「心」を科学する学問は、「心理学」と呼ばれている。物理学は「物の理」の学問であることから、研究対象を主体から切り離して客体として、いわゆる「客観性」を保証する方法論を手に入れた。その結果、飛躍的な発展が生み出された。

心を研究対象とする心理学はどうであろうか。心理学は「心の理」の学問であることから、研究対象を主体から切り離し、客体とすることがきわめて困難である。客観性の保証は科学として認知されるために必要な通行手形であるとの学問観が一〇〇年ほど前は今日よりも支配的であったこともあり、心理学は客観性を保証する方法論を入手するために悩み苦しんだ。

〔2〕 「心」の考え方を歴史的にラフスケッチすると

歴史的にラフスケッチすれば、まず主体が勝った立場から始まった。すなわち、われわれに直接経験される意識内容を取り扱う立場がとられた。意識過程を取り扱うためには、観察者が自分自身の意識的経験を自己観察するしか手だてがない。このような自己観察法は「内観」と呼ばれている。このような内観に基づく観察結果は客観性に欠ける主観的・私的なものであるから、そのことに対する批判が当然起こってくる。

そこでつぎは、客体が勝った立場への移行が生じてきた。すなわち、われわれが直接目にすることができる行動を取り扱うというわけである。そして、行動の予測とコントロールを行うことが「心」を取り扱うことと同義に近いものとして考えられた。このような考え方は、「行動主義」と呼ばれる。

しかし、このような考え方が行き着くところまで行くと、外的環境条件に対する人間の反応を「心」のレベルでとらえるのではなく、筋肉の収縮とか、唾液のような内分泌腺の活動、といったレベルでとらえるようになってしまった。

このような、いってみれば「砂をかむような」接近法をとる「心の学問」に対する批判が、当然、生じてくることになる。

現在は、主体が勝った立場（意識主義）と客体が勝った立場（行動主義）との中間のような立場（認知心理学）がとられている。すなわち、行動主義ではむしろ「ブラックボックス（black box）」として残された人間の内的過程としての情

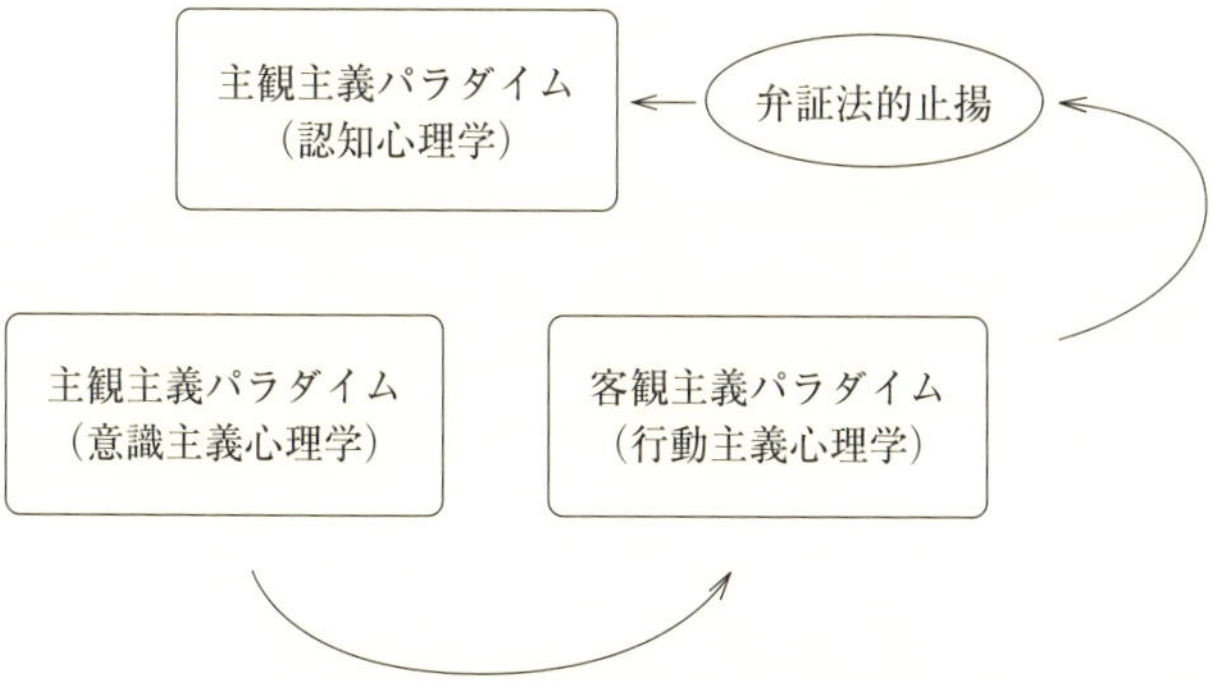

図1.1 「心」を科学する学問の歩み

報処理過程というものを、積極的に問題にする。しかし、それを取り扱う際に、内観だけに依存するような方法はとらない。物理的条件を客観的にいじることにより、内的過程を間接的に条件操作できると考えている。そのような方法で実験的構成を行っている。

このように、「心」を科学する学問は、大きくいえば、図1・1のような往復運動をしているように思われる。しかしながら、単なる平面的揺り戻りとしての往復運動というよりは、一つ高い段階に引き上げられた形態をとっていることから、「螺旋階段」を昇りつつ発展しているといえよう。

〔3〕「心」を科学する学問は弁証法的発展過程を歩みつつある

ヘーゲルによれば、思考は対立・矛盾する側面（「契機」）を統一（「止揚」（aufheben））することによって、より高次なものへと発展し移行するという（林、一九七一）。この発展の展開過程を、彼は「正立（テーゼ）・反定立（アンチテーゼ）・総合（ジンテーゼ）」（「正・反・合」ともいう）という三段階の論理的構造として表現している。すなわち、なにかが発展する場合、低い段階のすべてが捨て去られ、高い段階が突然に現れるのではなく、前者に含まれていた内容が新しい連関と秩序の中で新しい事態に同化しつつより高い段階に引き上げられ発展するという（林、一九七一）。

このような思考の発展過程はヘーゲルの「弁証法」（Dialekti）と呼ばれている。もっとも哲学の分野では、一口に弁証法といっても、前述のヘーゲルの弁証法の考え方以外にも、ソクラテスやプラトンやアリストテレスなどの古代の弁証法や，マルクスやエンゲルスの唯物論的弁証法やその他の弁証法など，さまざまな考え方が存在するようである。

ここで，ヘーゲルの弁証法に言及しているのは，「心」を科学する学問の歩みがまさに，このヘーゲル流の弁証法的発展過程に沿って展開していると思われるからである。

〔４〕 人の「心」に迫るのは一筋縄ではいかない

このように，「人の心」の働きに迫るのは，相当に複雑にして，一筋縄ではいかないのである。それなのに，人間はなぜ「人の心」というものに関心を抱くのであろうか。それは「人間ってなんだろう」という問い掛けと同じ根から発している。すなわち，生きている人間を理解したいというわれわれが有する生まれながらの欲求に基づいているのである。

人の「心」を深く理解するための視点は，一つだけに限定されるものではない。例えば，茶碗の鑑賞にたとえてみればよい。著者は，京都で楽焼の茶碗の鑑賞会に参加したことがあった。通常は展示ケースの中に置かれ，一つの視点（ほぼ）からの見方しかできない。それを実際に手に取って，あらゆる視点から鑑賞でき，手ざわり，触覚から重量感覚まで動員した体験ができた。これら多くの視点からの観察を総合（統合）することによって，初めてわれわれは一つの茶碗としての普遍的ななにかを感じ取ることができる。

同じように「深い心の理解」ないしは「深い人間理解」のためには、多くの既存の研究領域を横断する「総合学」としての探求姿勢が大変大事になってくる。

このような立場をとる学問的姿勢は「人間科学」と呼ばれている学問的姿勢と重なるものがある。「心の科学」は究極的にはこのような総合学としての人間科学の中に発展的に取り込まれることにより、より奥行きの深い成熟した成果を上げることが期待されるのである。

第2章

人間にとっての情報

〔1〕 人間は「情報食動物」である

人間にとっての情報が持つ意味を考える際に、比喩的に「情報」を「食物」として考えると理解が早い。すなわち、人間は情報を「食べて」生存する生活体と考えられる。

情報という栄養分を含む「食物」は、テレビ、インターネット、映画、新聞、雑誌等、われわれの周辺にあふれている。その中からわれわれは必要に応じて食材料を選択する。

現代社会において人は「情報」という食物をきわめて好む。それは事実として「おいしい」からである。しかし、おいしいからといって一時に過剰に食べれば、消化不良を起こす。他方、おいしさを増すためには、例えば、映像、文字、音、色、ステレオ化といったような「調味料」が有効であろう。しかし、調味料といっても、それをただ入れればよいというものではあるまい。入れる量、入れ方、組み合わせ方等に工夫が必要となろう。

人間が食べやすい情報の形態とはいかなるものであろうか。この問題の解決のためには、人間が基本的に有する情報処理特性をまず知る必要がある。このことは、食物の料理法の工夫の前に、人間の栄養摂取のメカニズムや食習慣などを知ることが必要になることと、同じである。

〔2〕人間の情報処理特性を「織り上げる」

人間の有する情報処理特性を織り上げるためには，そこになんらかの「整理概念」というものが必要となろう。この種の整理概念の候補としてはさまざまなものがあり得るのであろうが，ここでは，「基準」という概念を用いることにしたい。

「基準」という概念は，その本質を一般的定義のような形で表現するのがきわめて難しい概念である。それだけに，各人固有の定義が可能なようにも思われる。それゆえ，最初から明確な定義を与えようと多くのエネルギーを費やしても，そこからあまり有意義な結果が生まれるようにも思われない。むしろ，「基準」が関与していると直観的に思われる具体的な事例を数多く述べることのほうが生産的なようにも思われる。なぜなら，これらの数多くの事例に触れることにより，初めて「整理概念」あるいは「総括概念」の必要性が痛感されるのであり，また，その概念としての「基準」の定義が抽出され得る可能性が生ずるからである。

三章から五章で取り上げる情報処理の諸事象には，きわめて高次な処理から，感覚的次元のものまでさまざまなレベルのものが含まれている。これらのレベルの諸事象を布の横糸にたとえるならば，「基準」という考え方はさしずめこれらの横糸をつなぎとめる縦糸に当たるだろう。三章から五章はこれらの横糸と縦糸により，「人間における情報処理活動」という一枚布を織り上げようとしたものである。同じ横糸（諸事象）に対しても，どのような縦糸（整理概念）が用いられるかで，織り上がった布の模様は異なってこよう。

〔3〕 情報処理における「相対性原理」

「相対性原理」という言葉を聞くと，物理学におけるアインシュタインのそれを頭に思い浮かべるかもしれない。ここでは，アインシュタインの「相対性原理」とはまったく別の用語として用いており，ごく日常的な意味でのいわば「相対的性格」といったような内容を表現している。

われわれが対象を「みる」場合を考えてみると，物事の背後にある性質や内容についても思いをめぐらすような高次の認知的レベルの「観る」から末梢的な感覚的レベルの「視る」までの広がりを有する。すなわち「情報処理」と一口にいっても「観る」，「見る」，「視る」といったようにさまざまな次元が考えられる。

一般的に表現するならば，われわれが情報を処理し，なんらかの対象や事象を認識する事態においては，対象自身の物理的状態や，対象が存在する物理的環境や，文化・社会的環境などに関するいわゆる「外的情報」と，観察者自身が有する既有の知識や概念などのいわゆる「内的情報」との両者が関係することになる。この外的・内的両者のさまざまな情報が単にパッチ的に並存するのではなく，その個体にとって一つのまとまりのある，意味のある「シーン」に統合されて認識されるわけである。

人間が行う情報処理活動というものを、このようにさまざまな情報を矛盾なく「統合する」という課題の解決が求められている一種の「問題場面」としてとらえることができよう。そこで、この事態を認識上の問題場面という意味で「認識的問題解決場面」と呼ぶことにする。

ここで重要なことは、この種の問題の「解」が得られた際には、すなわち、われわれになんらかの認識が成立した際には、われわれには直接的には意識されないけれども、その背後において「基準」というものが使われていたという点である。ここでいう「基準」とは、認識的問題を解決するための一種の「前提条件」もしくは「仮定条件」あるいは「原理」のようなものを総合的に表現している。

さらに、もう一つ留意すべきことがある。それは、「基準」の違いにより認識的「解」の内容が異なってくるという点である。この種の認識の相対性は人間の情報処理活動においてはつねに存在するものである。

前述のことを包括的にいえばこうなろう。「外的・内的な諸情報を統合する認識的問題に対する認識的解決にはいろいろな解があり得るが、個体の側の用いる基準により、一つの解が選択され、結果としてわれわれは一つの認識内容を得る」。

この解が起こるレベルはきわめて高次なレベルから感覚的なレベルに至るまで連続的な広がりを

有していよう。そこで、つぎに、この広がりを便宜的に「認知的レベル」、「知覚的レベル」、「感覚的レベル」という三つの位相に分け、三章から五章においてそれぞれの位相における現象例をいくつか挙げてみることにする。

第3章

認知的レベルの「認識的解決」

〔1〕 科学世界を「観る」

先に述べたような認識における相対的性格は科学世界においても作用している。

例えば、われわれが科学的研究を行う場合を考えてみよう。研究を遂行する際にわれわれはやたらに事実の収集を行うのではない。「理論」に基づいた収集を行うのである。なぜなら、なにを探すべきかを研究者に教えてくれるのが「理論」であるからである。また、得られたさまざまな「データ」からそれらの背後に存在するなんらかの科学的知見を読み取る際にも、この「理論」が作用する。すなわち、この事態はそのときの研究者によって選択された特定の「理論」に基づいて得られたさまざまなデータを総合的に解釈する（認識する）場面であるから、このときの「理論」は一種の「基準」に相当する。なぜなら、もし研究者が別の理論を頭に置いていたのであれば、同じデータから別の内容を「観る」ことになるからである。すなわち、さまざまな情報（データ）を単なるパッチとしてでなく、統合された一つの意味のあるまとまりのあるものとして認識する「認識的問題事態」において、一つの解を得た際には、その背後には理論というわれわれが「基準」と呼んでいるものが作用しているのである。

さらには、この「理論」をT・クーン（一九六二）のいう「パラダイム」にまで拡張して考えても前記と同様のことがいえるのである。クーンによれば、一つの時代に多くの科学者たちによって分かちあわれた一般的な信念やそれらに基づく研究方法を指して「パラダイム」と呼んでいる。科学的共同社会の中で研究者たちは知らない間にこのパラダイムを身に付けて、このパラダイムの枠内でしかものを見なくなる。このパラダイムも一種の基準と考えられる。

このように、「理論」や「パラダイム」が異なれば、同じデータであっても、その「解釈」（一種の「認識的解決」といえる）の内容は異なってくるのである。

〔2〕茶室での経験

利休の草庵風茶室は、初期のころはあまり大きな窓はあけられていない。出入り口は、にじり口と呼ばれる、人がしゃがみ込んで背を丸めてやっと入れるくらいのものが用いられる。人が出入りした後には、板戸がたてられるから周囲の壁の一部に化す感じになる。しかも、雨戸を閉めることにより、非常に遮蔽の度合いの強い空間を出現させることになる。

この仕掛けはなんのためのものであろうか。外界との遮断の度合いを強くするということは、それまでの「価値的基準」から別の「価値的基準」が作用する新しい認識世界へ入りやすくしているわけである。「価値的基準」が変われば、物理的状況が同じであっても、われわれに認識される経験内容、認識内容が変わってくることになり、ここに相対的特性を認めることができる。茶室の外の、それまでの生活基準における「価値的基準」からすれば、なんの変哲もない空間の中に、われわれわれは宇宙世界をも感じることが可能なのである。また、締め切った雨戸を一気に開け放つことにより、それまでの遮蔽空間で作用していた「価値的基準」から再び新たな基準への転換がもたらされ、日ごろ見慣れたはずの緑の木々や庭石の風景の中に、初めて体験するような新鮮にして輝かしい世界を観ることになるのである。

遮蔽空間ということであれば、「洗脳」を行う場合にも同じような仕掛けを用いていると考えられる。なぜなら、洗脳は一種の「価値的基準」の変更を強制的に行う場合であるから、外部からの「価値的基準」を持ち込みにくい、あるいは、それらが作用しにくい仕掛けや場を設定したほうがやりやすいということになろう。

〔3〕「文化」の違い

このような遮蔽空間をさらに広げていけば、例えば、四方を海で囲まれたわが国における江戸時代が挙げられよう。この時代には、鎖国政策が取られたがゆえに、他文化との接触が断たれ、また当時には他文化とのインタフェースとなるようなインターネットやテレビのメディアもないから、まさに一種の遮蔽世界であったろう。この時代の独特な江戸文化は、この遮蔽性ゆえにある種の価値的基準、もしくは文化的基準が維持されやすかったことに、その存立の一つの原因を見いだせるのではなかろうか。こう考えると、現代におけるさまざまな地域社会における文化の違いというものも相対的特性のもとに理解できるであろう。

このように一般化すれば，認識の成立に見られる相対的特性は「文化の相対性」にまでつながるものであり，「万物の尺度は人間である」ことを唱えて有名な紀元前の哲学者プロタゴラスの考え方と重なってくる。ソクラテスの弟子であるプラトンも，すべての感覚は観察者の状態によって左右されるという「相対主義」の立場を支持している。プラトンの考え方に立てば，現象の認識というものは，「絶えず変化する世界」についての相対的な姿にすぎないことになる。他方，このような考え方に対し，「変化することのない純粋な存在の世界」というものを想定する「絶対主義」の立場もある。

これら二つの考え方は，「哲学」の世界固有のものというよりは，ものを「みる」（視る・見る・観る・知る・考えること，すなわち情報処理を行うこと）際に一般的に用いられる「基準的視点（次元）」といえよう。

第4章

知覚的レベルの「認識的解決」

前章では、話が少し哲学的になってしまったので、つぎは、もう少し認識上のレベルを下げ、知覚的レベルにおいて相対的特性が認められる例につき考えてみることにしよう。

〔1〕野球の変化球

われわれが用いる「基準」には内在化されたものもある。野球の投手が投げる変化球がその一例である。変化球にはカーブのように、投げられた球の軌道が実際に物理的にカーブしている場合もあるし、主観的にそう見えるにすぎない場合、すなわち錯覚の場合との両者がある。状況によっては、両者の要因が合わさって生起している場合もあり得よう。

マクビース（McBeath, 1990）によれば、一応この前二者に分けられるという。そのうち、上昇する速球、伸びる速球とでもいうのであろうか、バッターの前あたりでキュッと上昇するように見える変化球は、後者の場合、つまり錯覚によるとマクビースはいっている。

この錯覚はどうして起こるのであろうか。マクビースによれば、バッターが投球の最初の速度を過小評価しているのだろうという。その場合、この過小評価をどのようにして生起させるのかということが問題であるが、想像するに、例えば、ゆっくりしたモーションから速い球を投げる（「期待」を緩い球に向けておく）とか、速いボールを数回続けて投げた後にもう少し緩い球を投げる（速度に対する感覚的「順応水準」を上げておく）とかの方法が考えられる。

いずれにしても、なんらかの方法により、バッターが投球の最初の速度を過小評価したとする。そうすると、見かけ上の速度に対応するボールの位置というのは実際のボールの位置より少し後ろで少し下になる。つまり、時速一〇〇キロメートル前後の相当に大きい速度で動いているので、バッターの目にはボールまでの距離をあまり明確に知覚することは不可能である。だからこそ、ここで問題にしているような物理的な位置からずれた主観的な軌道というものが、認識上成立し得る余地が生ずる。

バッターはボールの速度を過小評価しているわけであるから、バッターの目には少し遠方で少し下方に見えたボールが、捕手のミットには予期した時間よりも早く、しかも予期した位置よりも高くおさまることになる。そこで、このように物理的にいえば矛盾した内容の認識上の解決が求められることになる。このとき、われわれは「時間的・空間的連続性」という一種の内在化された「基準」に照らして矛盾のない内容である「ホームベースを通過するあたりでボールが速度を上げながらさらに上昇する」という認識的解を成立させているとマクビースは考えているのである。

このとき、別の「基準」が使われていればどうであろうか。例えば、時間的・空間的に連続していなくてもよいような認識上の「基準」が用いられれば、前述のものとは別の認識的「解」が成立するであろう。この場合であれば、ボールの軌道が途中で切れるというか、ある瞬間消えると同時にボールはミットに収まっているといったような見え方にでもなるのであろうか。実際には、時間や空間の不連続は絶対にあり得ないとする時間的・空間的連続性が内在化された「基準」として用いられたわけである。

〔2〕「エイムズの部屋」の現象

もう一つ別の例を挙げよう。図４・１を見てみるとよい。片方には巨大な人物が、もう片方にはその半分ほどの背丈の人物が写っている。この部屋の中で右側の巨大な人物が左側に向けて移動を始めると、不思議なことに体がどんどん小さくなり、左側に二人ならんだときには二人とも同じぐらいの小さい体になってしまう。逆に右側に二人で移動すると、体はどんどん大きくなり、二人とも巨人のようになってしまう。このトリックは部屋の構造にある。「エイムズの部屋」と呼ばれるこの歪んだ部屋は、透視画法に従った影像となっている網膜像においてはその形状は通常の部屋と同じである。じっと静止して一点から見る限りそうである。エイムズの部屋を観察する際には、衝《つい》立《たて》にあいた小さな穴からのぞくので、一視点からの観察になる。しかし、衝立が取り除かれ、多方向からの観察が許されたならばどうであろうか。多視点からの観察が可能となれば、エイムズの部屋はもはや正常な部屋には見えず、たちまち歪んだ部屋として見える。この事実は、われわれのものの見え方は、「確からしさのもっとも大きい内容として成立する」ことを示している。このことは、換言すれば、確からしさの判断に用いられる「基準」がなにかということが重要な要因になる

（a）「エイムズの部屋」の部屋の中の人物２人

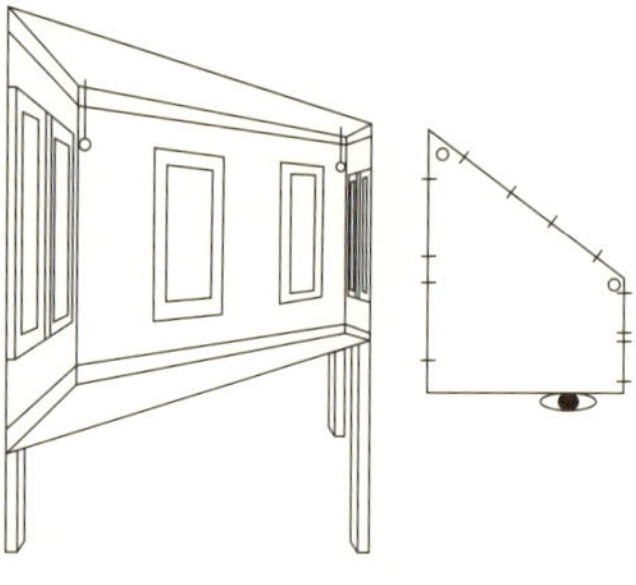

（b）「エイムズの部屋」の構造

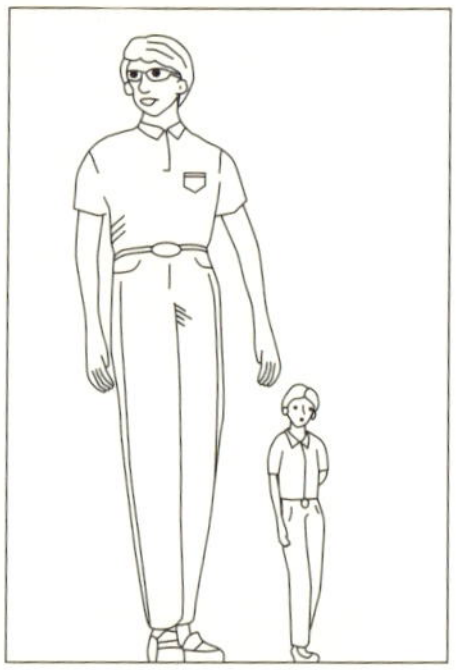

（c）「エイムズの部屋」の部屋の外の人物２人

「エイムズの部屋」の中では，大きな体の人物と小さな体の人物が見える（a）。このトリックは，透視画法に従った歪んだ部屋の構造にある（b）。それゆえ，「エイムズの部屋」がなければ，普通の大きさの体の人物が奥と手前に距離を置いて立っているように見える（c）。

図 4.1　「エイムズの部屋」（（a），（c）は *Psychology today: An introduction*, CRM Books, 1970 より。（b）は和田・大山・今井（編），1969 より（原典は Kelley, 1947））

ということにほかならない。一視点からの観察事態においては、一視点の観察情報ゆえに網膜像の情報は透視画法に従った一種類のみになる。それゆえ、この場合には「正常な状態の部屋」の「基準」が採用され、その結果としてこの正常な部屋の中に大きい体の人と小さい体の人が並んで立っている全体的シーンとしての認識的解が成立したと考えられる。他方、衝立が取り去られ、多視点からの観察が可能になると、それだけ網膜像の内容も多様になる。そこで今度はこれらの複数情報を統合するために「普通の大きさの人物二人」の「基準」が採用され、これら二人の人物が歪んだ部屋の中で遠くと手前という奥行き方向を異ならせた場所に立っている全体的シーンとしての認識的解が成立したと考えられる。

〔3〕月の錯視

今度は、満月の月に目を転じてみよう。月が昇りはじめのころ、地平線近くではじつに大きく見えよう。同じ月が真夜中になり、空高く昇っているときは、お盆くらいの大きさにしか見えない。しかし、われわれの網膜像では両者の場合とも同じ大きさになっている。このことは、両者の月をカメラで写真に写してみればすぐにわかる。古来、この現象は「月の錯視」と呼ばれ、多くの人々の関心を呼んできた。月の錯視を説明する考え方としては、現在のところ「見かけの距離説」が最も有力である。すなわち、地平線方向にある月に対しては、地平線とか建物とか樹木とかいったような地平の景色が月と同時に目に映る。このような条件は、空虚な空間の中にポツンと月のみが見える条件に比べ、われわれにより大きな距離感を生じさせることになる。そして、目に映った像(網膜像)が同じ大きさであれば、より遠方に見える対象物のほうがより大きく見えるというわけだ。この後者の原理は網膜上に生じた残像の背景に近くの壁と遠方の壁とを交互に用いてみるとよい。明らかに遠方の壁の場合に残像はより大きく見えるのである。このような考え方はなにも新しいものではなく、いまからおよそ千八百年も昔にプトレマイオスという学者によって唱えられている。その後、諸説が入り乱れたが、カウフマンとロック(Kaufman & Rock, 1962)による巧みな実験的吟味がなされた後、現在に至るまで最も有力な考え方となっている。このように月の物理的大きさは同一であるにもかかわらず、地平を「基準」とするか、天空を「基準」とするかにより、われわれに対するその見え方が異なってくるのである。月の錯覚にも相対的特性の存在を認めることができる。

〔4〕 定位判断の基準

(a) 定位のための座標系

金沢市の中央部に金沢城跡がある。この城跡の周辺道路には、角が九〇度の直角曲がりではなく、もっとゆるい鈍角状の曲がり角が多々認められる。そのため数回角を曲がると自分の現在地がわかりにくくなる。このような曲がり角は加賀百万石の前田藩によって敵の侵入に備えて意識的に設けられたとの説がある。日常生活の中で、移動方向や居場所を判断する際には、われわれは、普通、直角座標系という「基準」を用いている。それゆえ、そのような座標系に重なりがうまく合致していない鈍角状の曲がり角は、数回曲がるだけでわれわれの定位判断に混乱を生じさせるのである。

他方、京都では、何本もの道路が東西南北に直交して碁盤の目のように走っている。このような道路網は直角座標系にうまく重なることになるから、われわれにとって定位判断はしやすいことになろう。

それでは、都心の周辺の環状線の道路とこの道路と都心部を結ぶ道路の配置はどうであろうか。この種の道路網は、直角座標系というよりむしろ極座標系のほうに重なりがうまく合致しよう。それゆえ、このような道路網を使い慣れた人々にとっては、今度は京都の道路網はむしろ定位しにくいということになるかもしれない。

(b) 認知地図

われわれが地図を用いて定位を判断するときを考えてみよう。二種類の定位のための「基準」(「座標系」と言い換えることもできよう）が必要であろう。一つは、眼前の景色に対して用いられる「基準」である。もう一つは、地図中の位置に対応して用いられる「基準」である。両者の「基準」がうまく重なっているときに、われわれの定位判断は最もスムーズに遂行される。したがって、両者の間にずれが存在しているときには、なんらかの調整的機能が必要となる。この役割を担うのが「メンタルローテーション（mental rotation）」である。すなわち、地図の「心的表象（mental representation）」である「認知地図（cognitive map）」を心の中で回転させることにより、両「基準」のずれを調整するのである。前景は厳然とまさに眼前に存在しているので、メンタルローテーションされるのは認知地図のほうになる。この心的操作は、われわれが見知らない町で目的地に向かう際に、手にした地図を前景に対応するように回転させる「合わせ」にたとえることができる。手にした地図を物理的に回転させることができれば、そうするであろう。しかし、物理的に回転させることができない場合には（例えば、壁面上の現在地地図の場合など）、手元（壁面）の地図の心的表象として存在する認知地図のほうを回転させるであろう。このようなメンタルローテーションに要する時間は、二つの「基準」の間のずれが大きいほどより長くかかることになろう。

ところで、メンタルローテーションは、心的に回転する表象を生み出す刺激の複雑さの影響を受けるのであろうか。もし、刺激の複雑さの影響を受けるのであれば、メンタルローテーションは断片的・分析的な過程であると考えられ（Just & Carpenter, 1976）、逆にそのような影響を受けないのであれば、むしろもっと全体的な過程と考えられまいか。この点は、いまのところあまりはっきりしているようには思われないが、ベセル・フォックスとシェパード（Bethell-Fox & Shepard, 1988）の実験結果によれば、刺激に対する慣れの程度によって複雑性の効果が出たり出なかったりする可能性がある。すなわち、新奇な刺激に対してはメンタルローテーションと刺激複雑性との交互作用が見られるが、多くの練習を通じて被験者が刺激に慣れた後には、交互作用が消えるというのである。そうであれば、メンタルローテーションは新奇で複雑な刺激に対しては分析的であり、慣れたものに対しては全体的であるということになろう。

〔5〕コインの大きさの知覚

つぎに、だいぶ以前になされた研究ではあるが、よく知られた現象について考えてみよう。ブルーナーとグッドマン（Bruner & Goodman, 1947）は、経済的に裕福な家庭の子供と経済的に厳しい家庭の子供に対して数種類のコインを見せ、このコインがどれくらいの大きさに見えるのかを測定した。この測定は、おのおのの子供が所定のコインと同じ大きさに見えるように光の円の大きさを調整することにより、なされた。その結果、経済的に裕福な家庭の子供に比べ、経済的に厳しい家庭の子供はコインをより大きく見ていることが明らかにされた。この事実は、「お金に対する価値的基準」がどのようなものであるかにより、コインの大きさの見え方が変わってくることを示している。この場合にも相対的特性の働きを認めることができよう。

〔6〕ものごとの認識にバイアスをかける認知的不協和

春、同じころに入学試験が実施されたA大学とB大学の両方に合格したとしよう。両大学の手続期間が残り少なくなるにつれ、どちらを選択すべきか、迷いに迷ったあげく、A大学を選択し、入学手続きをとったとしよう。「認知的不協和理論」(Festinger, 1957)によれば、この人はその後、A大学の入学案内パンフレットを読む量が増え、B大学のそれを読む量は減少することが予測される。なぜなら、B大学のパンフレットを読み、その魅力に関する内容を思い出すことは不快感を引き起こすことになるからである。他方、A大学の魅力を思い起こす限りにおいては、こういった不快感を生じさせることはないからである。このような不快感を生み出す心理的葛藤状態は「認知的不協和(cognitive dissonance)」と呼ばれている。この例は、われわれは認知的不協和を低減するために、知らず知らずのうちに自分の選択対象の見方にバイアスをかけることを示している。すなわち、この認知的不協和は、われわれがいずれの選択肢を選択したのかにより、その選択肢の内容を「基準」にしてそれに整合するようにわれわれの認知内容を変化させることになる。それゆえ、この場合にも、相対的特性の存在を認めることができよう。

前述の認知的不協和低減のためにものの見方が変わることを利用したセールス上のテクニックが知られている。これは、「フット・イン・ザ・ドア・テクニック(foot-in-the-door-technique)」と呼ばれているものである。保険会社のセールス担当者が訪問の際，すぐに保険への勧誘の話をせずに，「アンケートに答えていただけませんか。後日取りに参りますので」と切り出すことがある。これに対して，アンケートに答えるぐらいならいいだろうと考え，用紙を受け取り，回答を記入し，後日回収に来たセールス担当者に渡したとしよう。こうなると相手の思う壺である。「保険には興味がない」という見解と「保険会社のアンケートに答えてしまった」という事実との間で認知的不協和が起こる。「保険会社のアンケートに答えてしまった」事実はいまとなっては変更のしようがないので，この認知的不協和を低減するためにとれる手立ては，「保険には興味がない」という見解のほうを変えることである。すなわち，「自分は本当は保険に関心があったのだ」と考えるようにすることである。もちろん，前述の心の動きは，意識的・計画的になされるわけではない。防衛メカニズムのように，知らず知らずのうちにそのように振舞っているわけである。「自分は本当は保険に関心があったのだ」と思い始めた人に対し，保険の加入を勧めることは容易であろう。加入の可能性はぐっと高まるのである。このようなテクニックはセールス担当者が閉められそうになった戸口につまさきを差し込み，「話だけでも聞いてくれ」と切り出す方法にちなみ，「フット・イン・ザ・ドア・テクニック」と名付けられているのである。「相手を戸口に入れた」という事実と「その商品に関心がない」という認識との間に起こる認知的不協和を低減するために起こる人の心の動きを巧みに利用した方法である。

〔7〕 空間的「基準」に基づく傾きの知覚

同一の対象の傾きの認知が、なにを「基準」にするのかによりその内容を異ならせるという相対的特性を示すよく知られた古典的な例を挙げておこう。これは、われわれが登山鉄道に乗った際に経験されることである。まず、列車の窓からある程度離れた位置からこの窓越しに外を眺めている場合である。この窓がわれわれの空間的枠組（一種の「基準」）となり、正常な水平・垂直方向に

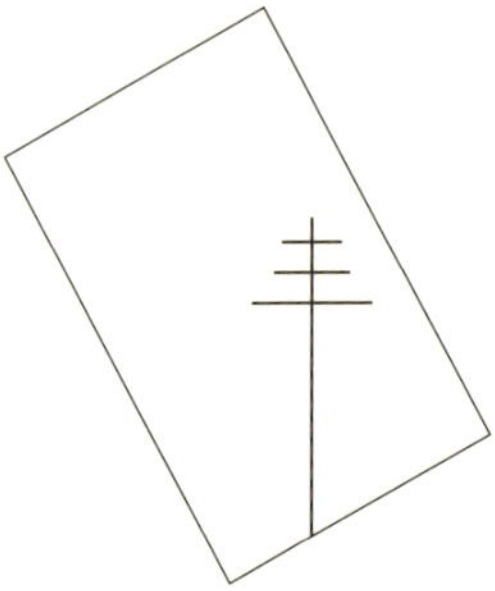

図 4.2 登山電車の窓から見える電柱の傾きの知覚（Koffka, 1936 より）

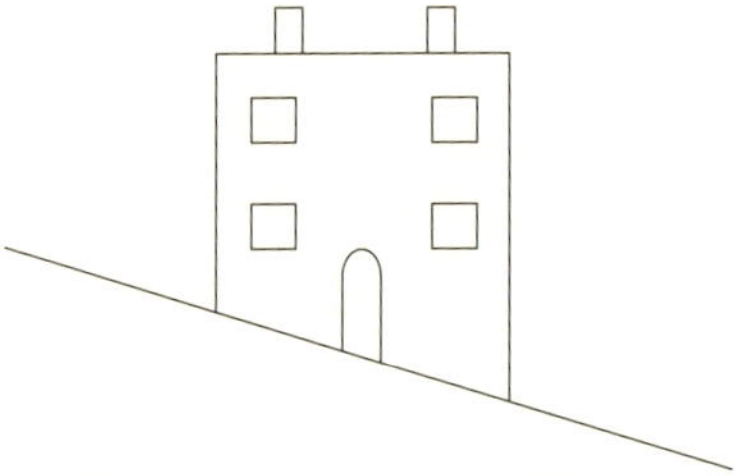

図 4.3 湖岸に立つ建物の傾きの知覚（Koffka, 1936 より）

あるように思える。それゆえ、外に垂直に立っている電柱は、電車が登りのときはわれわれから離れる向きに、電車がくだりのときはわれわれに近づく向きに傾いて見えるのである。図4・2は窓と電柱の実際の位置を示す絵である。もし、われわれが窓から頭を突き出してみるならば、電柱はただちに垂直に見えよう。このときは、山の木々をはじめ外界の存在物がわれわれの空間的枠組となり、正常な水平・垂直方向の認識を可能とさせるからである。それゆえ、今度はこの空間的枠組を維持するように試みながら（すなわち電柱が垂直であると認識しつつ）窓から頭を引っ込めるならば、この場合には電柱は依然垂直に見え、窓や車両全体が傾斜して見えるであろう。これはコフカ（Koffka, 1936）が挙げた有名な現象であるが、彼の挙げたもう一つの例も興味深い。これは湖岸に立つ建物が、湖面から離れる方向に傾いて見えるというものである。この建物は、湖面のほうに向けてわずかに傾斜した広大な芝生の上に立っていたのであるが、この広大な芝生が空間的枠組を形成した結果、芝生が水平に見られ、建物が傾いて見られたのである（図4・3）。

第5章

感覚的レベルの「認識的解決」

〔1〕　体で感じる温度

冬の寒い日の入浴時の体験を思い起こしてみよう。湯船のお湯に入ろうとするとあまりに熱すぎる。水でうめ、ほど良い加減の熱さとしてから体を沈め、体を温める。いったん洗い場に立った後、再び湯につかると、今度はずいぶんとぬるい湯に感じるという経験である。この現象は、冷たい体が入ることにより、また時間的経過により、お湯の温度が下がったこともあろうが、その程度を上まわる温度の下がり方の感じから、「感覚的順応」の現象として解釈される。

こんな経験もあろう。熱い湯として有名な温泉に出掛け、大浴場の湯に手を入れたところあまりに熱すぎて体を沈めるのは無理だろうと思われる。しかし、首までつかっている人もいるので、思い切って熱さを我慢しつつ足先から少しずつ体を沈めていくとなんとか首まで入ることができた。いったん洗い場に立ち、再度湯につかる際には、今度はその熱さ加減を前ほどきつく感じずにスムーズに体を沈めることができたという経験である。この経験もまた、先ほどの感覚的順応の現象として解釈される。

一般にわれわれが体の表面によって感じる温度というものは、物理的な温度というよりは、われわれ自身が有する体の表面の温度と外から与えられる温度との差が直接の規定要因になると考えられる。したがって、外側から与えられる温度が同じであっても、われわれ自身が有する体表面温度が変われば、当然にわれわれに感じられる温度は変わることになる。先述の二つの例は、体表面温度の上昇に伴い、われわれが湯の温度をより低く「感じた」現象である。これらの例とは逆に、体表温度の低下に伴い、われわれが温度をより高く感じる場合もある。冬の寒い日にタクシーに乗り込むと、むっとするほどに暖房がききすぎていると思われることがある。この経験は、冷たい外気により、体の体表温度が低下していたことに起因している。

これらすべての現象は、われわれが温度を認識する際には、それとは気付かれにくいが、その背後に体表温度という「基準」が存在していることを示している。

〔2〕「基準」のない世界

無変化で一定した刺激に対して人間はすぐに「感覚的順応」を引き起こす。こういった状態では刺激の存在が認識世界から影を潜めてしまい、無刺激と同様の世界が出現してくる。

例えば、「防音室」の中に乳白色のアイマスクを掛け、手と腕とを厚紙の筒で覆い、ベッドの上に横たわって数十時間を過ごした人の経験が実際に報告されている。この種の実験は「感覚遮断(sensory deprivation)」の実験と呼ばれている。

このような条件下に入ると、まず眠気が起こり十分に寝ることになる。その後は眠ろうと思っても眠れないので、無刺激状態から脱却しようと体を動かしたり、歌を歌ったり、口笛を吹いたり、独り言をいったりといった意識的自給自足を行うことになる。これらの種が尽きると、今度は、無意識的自給自足とでもいうような現象が生じてくる。すなわち、比較的簡単な斑点模様から複雑な幾何学的模様や動物や人影らしきものまでさまざまな幻覚が生じてくるという。このような状態に耐えられるのはほぼ四八時間程度であったと報告されている。

さらにきつい条件として、寝返り等のベッド上の動きを制限するため、被験者が重症の小児麻痺患者に用いるポリオタンクの中に胴体をおさめた状態で横たわるというような感覚遮断の実験が行われている。この場合には一〇時間ほどの経過で半分の者がギブアップしている。

さらにその後、最大級の感覚遮断として、ぬるま湯の中に裸で浮遊するという実験も行われている。この条件では、重力に基づく重力感覚もしくは皮膚感覚といったようなものまで遮断されてしまうことになるが、実験開始から四時間ほどの経過で半分以上の者がギブアップしたという。

これらの結果は、無刺激もしくは変化のない持続的状態に人間の「耐性（tolerance）」がきわめて弱体であることを示している。無刺激もしくは変化のない持続的状態とは、言い換えれば、「比べるものと比べられるものという比較過程」の生じる余地のない、それゆえ、「基準」の作用する基盤が見当たらない状態である。そのように考えれば、人間が周囲から区別される「自己」というものを維持できている、つまり認識できているということ自体が「基準」の存在を意味していることにならないであろうか。

第6章

心理学と周辺科学における「連結変数」

〔1〕社会学と「基準」

これまでに見てきた「基準」に関する例は、学問分野でいえば、心理学の領域からのものであった。しかし、このような考え方は、なにも心理学だけでなく、社会学の領域でも問題になり得る。山口（一九九二）によれば、社会学には「知識社会学」と称される研究分野があり、ここでは、人々のものの見方や考え方がいかにその人の存在によって規定されているかが研究されているという。この際、この「存在」という概念になにを含ませるかについてが問題となるが、彼によれば、社会学者の間に合意が成立しているわけではなく、例えば、マルクス主義に立てばそこには当然「階級」（階層）というものが含まれてくるという。他方、いまの日本や先進産業社会を見ると知識社会学の生みの親の一人、マンハイムが指摘した「時代の精神的雰囲気」や「競争」、あるいは「世代」といったようなものを考えたほうがよりふさわしいかもしれないという。これらはいずれもわれわれの「見ること」や「知ること」を可能にしている前提条件であるが、山口はこれらは日常的な知や学問的認識の背後でつねにそれと気付かれることなく隠れて機能している「黙せるパートナー」（Gourdner, 1970）であると指摘している。

〔2〕 精神医学と「基準」

他方、精神医学の領域にも「基準」という概念を持ち込める可能性がある。例えば、ベックら(Beck, Rush, Shaw & Emery, 1979)により体系化されたうつ病に対する心理療法としての「認知療法(cognitive therapy)」はその典型例である。この療法では、患者の示す不適応行動の根底には、思考やイメージなどの認知過程におけるなんらかの問題があることを想定する。それゆえ、その治療論理は、この問題のある認知過程を変化させることにある。

ベックによれば、うつ病患者には独特な認知的歪みが見られ、この認知的歪みは患者の有する「スキーマ」の形成における問題としてとらえられるという。それゆえ、患者の有する「スキーマ」、すなわち認知的構えに問題がないかを検討し、これをより適切なものへと変容させることがうつ病の改善にとって重要であると指摘している。確かに、個人の行動や感情は、その個人がそのときの広義の環境、すなわちそのときの物理的環境や相手の心理内容をどのようなものと認識するのかによって異なったものとなろう。したがって、この「認識世界」を変えることができれば、おのずと行動や感情の異常さは改善されることになる。そのためには、世界を認識する際に用いられる「スキーマ」が不適切であれば、より適切な「スキーマ」へと修正ないし取り換えることが必要となる。ここでいう「スキーマ」は言い換えれば本書でいうところの「基準」のことであるから、認知療法の治療原理はまさに「「基準」が変わればわれわれの認識世界が変わる」という人間の情報処理に見られる「相対的特性」に基づいたものだといえよう。

ベックの認知療法以外にも、例えば「リフレーミング（reframing）」と呼ばれる心理療法は「基準」と同じような概念を用いている（Bandler & Grinder, 1982）。この療法は、クライアントが持っている刺激に対する意味を変えるために、クライアントの心の中にある「枠組（frame）」を変えるようセラピストが方向付けるものである。すなわち、与えられた刺激がクライアントに対して有する意味が変われば、当然ながら、クライアントの反応や行動にも変化が起こるというわけである。ここで想定されているクライアントの心の中の「枠組」というものが本書でいう「基準」に相当することはいうまでもあるまい。

投石（一九九二）が言及している統合失調症者に関する丹野、町山らのグループの行った知覚判断課題の研究結果はたいへん興味深い。この課題には表面にきめの細かさや物体の重さや距離観察において、「粗・密」、「重・軽」、「遠・近」という二カテゴリー判断を行う条件と、「粗・等・密」、「重・等・軽」、「遠・等・近」という三カテゴリー判断を行わせる条件とが設けられた。これら二条件の課題遂行成績を統合失調症者と健常者との間で比較したところ、二カテゴリー条件では統合失調症者と健常者との間で成績に優劣はあまり生じなかった。しかし三カテゴリー条件になると、統合失調症者の間違いが健常者に比べずっと増えたという。

どちらかに分類するということは、なんらかの「基準」があって初めてできることである。したがって、この「基準」という視点で考えるならば、例えば「粗」と「密」という二カテゴリーであれば、一つの「基準」により振り分けられるが、「粗」と「等」と「密」という三つのカテゴリーであれば、「粗」と「等」の判断のための「基準」と、「等」と「密」の判断のための「基準」との二つの「基準」が必要となろう。すなわち、三カテゴリーのほうが二カテゴリーの場合より、「基準」の働き方もしくは「基準」の内容がより複雑になっていると考えられ、この複雑な場合に統合失調症者の知覚判断が低下している。ということは、統合失調症者を理解する一つの有効な視点として、「基準」の形成の仕方、維持の仕方、機能のさせ方といった情報処理上の問題を抱えている症状として考えていく方向が示唆されまいか。

〔3〕「基準」という概念は領域横断的である

このように「基準」という概念は、心理学だけではなく、社会学や精神医学など、いろいろな領域の現象を理解する上での有効な視点となり得る可能性がある。「基準」とか「相対的特性」といえるような考え方を出したときに、いままで考えなかった諸領域にまでまたがった脱領域的・領域横断的な整理の仕方ができれば、これはいままでにない一つの理解の土俵ができた、場ができたことになろう。

第7章

変換視事態における人間の情報処理

〔1〕 上下反転視と「基準」

伝統的心理学において、本書でいう「基準」にかかわる問題として従来より関心を呼んでいたものに「変換視」の問題がある。

いま、上下反転の変換視事態を考えてみよう。このとき上下反転眼鏡を装着した被験者にとって、正立とか倒立とか判断する「基準」はなにに求めるのであろうか。目にうつる視野は光学的に眼鏡のないときに比べ反転させられているわけであるから、視空間の中にその「基準」を求めることはできないであろう。まず、考えられるのは、視覚的経験とそれ以外の経験との対応関係である。すなわち、視覚的経験と触覚的経験の一致／不一致あるいは視覚的経験と身体運動的経験の一致／不一致である。そして、二次的には、この「基準」により正立／倒立が判断された視空間内のある対象と同じ方向もしくは逆の方向に向いている別の対象は、たとえ触覚的・運動的情報が存在しなくても正立／倒立の判断が可能となろう。

このように、倒立した視野では、それまでの日常生活の中で成立してきた正常な知覚体制下での「基準」が機能しなくなり、従来とは異なる新たな「基準」の成立が求められる。それゆえ、新たな「基準」が確立するまでの経験の中では、複数の「基準」が優劣を争い、視覚的経験が短い時間的経過の中で頻繁に入れ替わるということも起こり得よう。例えば、正立しているように見えたと思うとつぎの瞬間には倒立して見えるといった具合である。あるいは、上下反転視野に適応する過程の中で最終的に優位に立つ「基準」が成立する以前においては、途中経過的な事態として、一つの場面に対し複数の「基準」が同時的に作用することも考えられよう。このような場合におけるわれわれの知覚的経験、すなわち認識上の解の内容は、じつに異様な内容となることもあり得る。

〔2〕上下反転視事態と「認識的解決」

上下反転眼鏡の着用下で入力された網膜情報と、重力に基づく身体的・視覚的情報とを統合する際にいかなる「基準」が用いられているのであろうか。その典型的候補を挙げるなら、少なくとも三つのものが考えられよう。一つは、上下反転眼鏡装着前に入力された網膜情報にその成立の基盤を置いたものであり、長期間にわたるこれまでの生活経験から形成されてきたものである。二つ目は、上下反転眼鏡着用下において、現に入力されている網膜情報にその成立の基盤を置くものである。三つ目は、重力作用による身体的・触覚的情報にその成立の基盤を置くものである。さらに、これら以外にも、以上の三つの折衷的なものもあり得るかもしれない。これらのうちのいずれの「基準」が用いられているのかを推測する上で反転眼鏡を装着した被験者の内観報告が有力なヒントを与えてくれる場合がある。以下にこの種の例を中島（一九八五）より二つ挙げておこう。

例えば、上下反転眼鏡をある程度着用した被験者が、椅子に腰を掛けて周辺の景色を眺めている際に、時に「周りの景色は正常で（正立しているの意と思われる）自分だけ逆さになっている」ような印象を持つことがあるという。この報告は、前述の二つ目の「基準」が優位に用いられ、こちらが「正立」印象の基盤をなしたがために、視覚的情報と身体的情報との間の相対的関係を維持したままの認識的解決として、周囲の景色は正立し、自分の体のほうが逆さになっているとの奇妙な印象（一種の認識）が成立したことを示唆しているように思われまいか。

二つ目の例は、さらに奇妙な印象の成立に関するものである。上下反転眼鏡着用状況下で、遠方に存在する対象を見るのではなく、自分の足を上から下にのぞきこんで見ているようなときは、網膜像の上では、自分の足が向こう側から自分に対し向き合っている内容となる。このような状況のもとで、被験者はつぎのように述べている。「（椅子に腰を下ろした状態で）自分の足を見ていて、ほかの動きを加えると、他人の足が向こうからこちらへ向いているような気がするが、単に上から眺めているだけでは、これでいいと思うようになった。しかし、足先が加わると気持ち悪い。少しおかしい。膝と手の関係なら大丈夫。自分で触れているからかもしれないが。手を強調すると向こうから来ている気もしないことはない。ただ遠く離れたところからこっちに来ているというより、自分のボディーがないような気がする。首だけがあって、そこから先が空間になって……」。椅子に腰を掛け膝に手を置いている状況では、触信号の存在が、自己受容的入力に基づくところのボディーを主軸とした「基準」（先述の三つ目のタイプのもの）を強調する。他方、視覚的に現に外界に存在する対象から構成された「基準」（先述の二つ目のタイプのもの）も存在する。両者の「基準」は、日常の世界では、行動を遂行する上で、普通、矛盾を来さず、一つのものに重なっているというか、より上位の一つの「基準」に統合されたような内容となっている。これに反し、第二例目の状況は、われわれの日常的経験においては矛盾を来すような認識的解をもたらすところの二つの「基準」が作用している事態と考えられまいか。このような「認識的解決」はじつに興味深い。一つの「基準」が選択され、それに整合した認識的解がもたらされた結果、現実にはあり得ない「ボディーの存在感の消失」という異様な経験が生じている。すなわち「首だけがあって、そこから先が空間」という感覚を生み出しているのである。

第8章

宇宙環境と人間

〔1〕「特殊環境」としての宇宙居住空間

(a) 認識的機能への影響

宇宙居住空間においては生活空間が極端に狭い閉鎖空間であるために、身体拘束や行動制限が否応なく生起する。また、外部環境からの刺激の減少や刺激変化の減少、すなわち社会的孤立の状況が生ずる。

宇宙ステーションというような閉鎖的な環境においては、感覚的・知覚的・認知的諸レベルにおける「基準」が、従来のものと変容したものとなることが考えられ、興味が引かれる。フライトミッション（飛行任務）の比較的初期に、空間的定位の喪失や、知覚・運動の不協応や距離判断の一過性障害などが起こることが知られている。また、睡眠サイクルの変化によるところの時間感覚障害なども考えられる。

宇宙環境では移動は浮遊の形でなされ、地上と異なり、上下のない状況で過ごすことになる。こういった無重力状態では、地球上で機能した、感覚・知覚・認知レベルのさまざまな情報処理がそのままの形で適用され得るはずもなく、宇宙滞在中には情報処理上の能力の低下が生じよう。以下において、この種の例を二つ見てみよう。

最初の例は空間的定位に関するものである。知覚空間における上下左右といった方向を決める際には、われわれは特に意識することがなくとも、必ず、定位に関するなんらかの「座標軸」（本書でこれまで言及してきた「基準」の一種と思われる）を用いている。われわれの身体定位に関するこの種の座標軸には四種のものが存在すると考えられる。一つ目は網膜上に固有な経度・緯度により規定される「網膜座標」である。二つ目は視野内に存在する方向性を有する対象物（例えば、背景をなす山とか木といったもの）により規定される「視野背景座標」である。三つ目は前庭器官や体性感覚により媒介された重力により規定される「重力座標」である。四つ目は胴体軸もしくは身体軸により規定される「身体座標」である。われわれが生活する地球上の通常の世界では、すなわち、地上に真っ直ぐ立った状態では、これら四種類の座標はみな一致しているので、問題はない。問題となるのは、これらの座標の間にずれが起こり、定位に際しいずれの座標を用いるのかのコンフリクト（葛藤）が生じたときである。「重力座標」と「視野背景座標」のコンフリクトについては、例えばウィトキンとアッシュ（Witkin & Asch, 1948）の古典的研究に代表されるように多くの研究がなされてきている。垂直線分の知覚がそれを取り囲むフレームの傾きによって影響を受けることはよく知られた事実である。あるいは、首を傾けた際に生起する「重力座標」（この場合、「身体座標」ともいえる）と「網膜座標」とのコンフリクトについては、結果は若干複雑となり、課題によって異なった内容になっている。例えば、文字の認知課題を用いた場合には（Corballis, Anuza, & Blake, 1978）、被験者が「重力座標」と「網膜座標」とのちょうど中間に位置するような架空の座標を用いていたと考えると結果がよく説明されるという。他方、メンタルローテーション課題を用いた場合には（Corballis, Nagoury, Shetzer, & Stefanatos, 1978）、「網膜座標」よりも「重力座標」の影響がより強くなるという。

それでは、無重力の宇宙空間ではどのようになるのであろうか。例えば、宇宙滞在を目指したミッションにおいて、クルーのメンバーとして参加した二人の男性、ペイロードスペシャリストを被験者とした研究（Friederici & Levelt, 1987）があるが、その結果によれば、飛行前、飛行中、飛行後の各セッションにおいては、いずれの被験者とも重力方向、身体方向、網膜方向によって規定される座標（この条件では「重力座標」、「身体座標」、「網膜座標」が一致している）を用いていた。そして、無重力条件となる飛行中セッションでは、両被験者ともに網膜方向と身体方向によって規定される座標（この条件では「重力座標」が欠落し、「網膜座標」と「身体座標」が一致している）を用いていた。さらに飛行後セッションになると当初の座標の使用に戻ったという。この間に課された定位判断に関する課題の誤り反応の割合を見ると、飛行前が最も少なく、飛行中は飛行前の数倍から数十倍に増加している。飛行後も帰還後すぐには飛行中と同程度、三か月を過ぎてもまだ飛行前の数倍の誤り率を示している。

二つ目の例は重量弁別に関するものである。重量感覚は、筋感覚、腱感覚、関節感覚、圧覚、触覚、視覚などが総合的に作用して生ずる複雑な感覚であるが、おもりを用いることにより手軽に実験的操作にのせることができるので、この感覚は、十九世紀前半のウェーバーの時代から、心理学的現象を吟味するための格好の感覚モダリティーとして実験によく用いられてきている。ウェーバー比はこの感覚ではおおよそ四〇分の一程度になるといわれている。

重量感覚を生起させる事態を考えると、二つの場合が区別される。一つは、例えば、机の上においた手の平におもりを単に載せるときに生じるような重量感覚である。もう一つは、例えば、手の指でおもりをつかみ上下に動かすときに生じるような重量感覚である。一般に前者のような受動的な事態よりも、後者のような腕の運動を伴う積極的事態のほうが、弁別閾が小さくなることが知られている。また、スティーブンスとマック（Stevens & Mack, 1959）の実験データを検討すると、前者に比べ、後者のほうが同じ物理的重量に対して、より重く感ずることが推察される。前者の重量感覚はおもに圧の受容器に基づく感覚に起因するものと考えられ、後者の重量感覚はおもに物体を加速するのに必要な力を生じさせるための筋肉運動感覚に起因するものと考えられる。手でおもりを振る場合には、重力$1g$の地上環境では両者の要因が作用した重量感覚となるが、無重力状態、すなわち$0g$の宇宙環境においては、慣性重力とでもいうべき後者の要因のみに基づいた重量感覚となる。この点に着目して、ロスら（Ross, Brodie, & Benson, 1984）は、地上環境とスペースラブの無重力環境とで重量弁別閾にいかなる差異が生じるのかを吟味している。彼らは、四人のスペースラブ搭乗員と一人のスペースシャトルのパイロットとの合計五人の宇宙飛行士に関し、飛行前、飛行中、飛行後の三条件における重量弁別閾を測定している。用いられたおもりは、直径三〇ミリメートルの球状のもので、五〇グラムから六四グラムまで二グラムステップで変化したものであった。これらを用いた弁別閾の測定法について触れることは省略するが、得られた弁別閾は無重力状態では地上の場合のほぼ二倍の大きさとなった。このことは、無重力状態にある宇宙空間では重量弁別感覚が相当に減少することを示している。また、この弁別閾の上昇は地球帰還後も持続し、元の状態に戻るまでに、三ないし四日間を必要としたという。

(b) 社会的機能への影響

宇宙での滞在期間が長くなると、個人の課題遂行能力は、クルーのメンバーとの協調性等の社会的機能に依存する度合いが高くなると考えられる。すなわち、クルーの組織的構造やクルーの「集団基準」やタスクの「目標」（一種の「基準」と考えられる）などが重要な働きを有するようになることが予測される。

これまでも、宇宙滞在に備えたさまざまな実験的試みがなされてきている。例えば、男女各四人ずつ合計八人の人々を被験者として行われた二年間にわたる隔離実験や、海洋学者も参加して行われた「水中居住棟」実験などを挙げることができる。わが国においてもつくば市に設置されている宇宙開発にかかわる研究機関の中に、日本人の宇宙飛行士の訓練および訓練に伴う技術開発に用いる「閉鎖環境適応訓練設備」が建設されている。

以上において言及したような類の研究プロジェクトでは、課題の遂行時における各自の認知機能等の情報処理上の問題や筋運動等の行動機能などが問題となろう。また、集団における目標やリーダーシップ等のチーム機能もまた問題となろう。あるいはまた、男、女という異性の問題や、国籍を異にする人々のグループが組織されることからくる異文化の問題もあろう。これらの問題の解決は、考えてみれば、いずれにおいても個人としての、また集団としての「基準の転換」あるいは「視点の転換」というものがキーポイントとなろう。すなわち、なんらかの意味で、本書でいう広義の「基準」にかかわる問題として、これらの問題を位置付けることができるのである。

第9章

情報の認知に見られる人間の「認識スタイル」

〔1〕「認識スタイル」の種類

人がなんらかの解釈を行ったり、決定を行ったりする際に影響を及ぼすわれわれの有する最も上位の認知的変数に「認識スタイル」とでも呼べるものが考えられる。すなわち、われわれの学習や認識などの認知的活動全体に対してなんらかの枠組み（本書でいう「基準」の一種と考えられる）のような働きをするものがあるというわけである。

ペリー（Perry, 1981）によれば、認識スタイルにおける違いは大学生の間に発達するという。例えば、二元論者はたいてい新入生であり、彼らにはつぎのような考え方の特徴があるという。

① 知識を「よい、悪い」とか「正しい、間違っている」といったような両義的なものに帰着させる。
② 知識は絶対的であり、すべての問題に正解があると考える。
③ 権威者は絶対的な真実を知っており、それを学生に教える義務があると考える。

もう少し上になると、多元論者になるという。この段階になると、考え方の特徴はつぎのように変わる。

① 正解のない問題もあることを知る。
② 一つの事柄を説明するのに二つの対立する説明が存在し得て、かつそれらは同時に価値があ

ることを知る。

③　知識は正しいものでも間違ったものでもないと考え出す。

しかし、彼らも結局のところは絶対的真実に偏る傾向があるという。そして最後に登場するのが相対論者である。この段階になると、考え方の特徴はつぎのようになる。

①　either-or（どちらか一方）型の知識のカテゴリーを捨て、文脈的、相互依存的なものとして知識を定義する。

②　知識は正しくも間違ってもいないものと考える。

③　絶対的真実と権威者とを結び付けない。

これまでのいくつかの研究（Ryan, 1984a, 1984b; Glenberg & Epstein, 1987）によれば、先に挙げたような考え方の特徴を有する二元論的学生は、説明書を用いて課題解決する実験において、説明書の中で細かく示されたいろいろな「基準」を用いて間違った結論に達する傾向があったという。それに対し、相対論的学生のほうは、説明書の情報が各自の生活とどのようにかかわるのかといった「基準」をより頻繁に使うことにより、正しい結論にたどりついたという。

〔2〕　非構造的課題事態と認識スタイル

構造化されていない、もしくはその程度が低い課題事態の認識に前述の認識スタイルはその違いというものをより顕著に示すことが期待される。例えば、「グループ討論」が必要になるような不明瞭な問題があったとしたら、二元論者は限定的に思いつく解決法を支持するための事実や詳細な問題へと視点を集中していくであろう。他方、相対論者であれば、他のメンバーに質問をして広く意見を集積することにより、たとえ特殊な問題であっても、その解決に向けた幅広い方法を提案しようとすると考えられる。

このような予測には直接に答えるものではないが、その傾向を十分に支持すると思われる結果を示した興味深い研究がある。ウィルキンソンとマクスウェル（Wilkinson & Maxwell, 1991）は、「絵」として見れば構造化の程度が相当に低い材料であるインクブロットを用いた。インクブロットというのは、紙の上にインクをたらし、紙を中央から折ることにより左右対称につくられたインクのしみのことであり、ロールシャッハテストという心理検査で使用されているものである。彼らは、このインクブロットを一〇枚（一〇種類）用意し、被験者にそれぞれのインクブロットがどのように見えるのかを尋ねている。そして被験者の反応について分析し、以下のような三つの反応カテゴリーの該当回数を調べている（実際にはもう一つのカテゴリーが設けられていたが該当反応がほとんど出現しなかったようなので、ここでは触れない）。

① 一枚のインクブロット紙上の二つ以上の部分を関連させるような反応。

② インクブロット全体を見ることにより容易に出てくるような反応。

③　常識的な部分反応。例えばインクブロットの全体ではなく半分だけを見て行うような反応。

予測するに，認識スタイル（すなわち「基準」）の違いによって，同じ刺激（インクブロット）に対する見え方（すなわち認識的解）が異なってくることが期待される。すなわち，二元論者は知識というものを分離したものが集まったもの，あるいはセットになったものといったとらえ方をしがちなので，インクブロット刺激をとらえる単位がより小さくなり，あまりほかとも関連付けないであろう。他方，これとは反対に，相対論者は知識をより広く，関連的にとらえる傾向があるので，インクブロット刺激をより大きな単位でとらえるであろう。したがって，先の①～③までの反応カテゴリーに対する反応の出現度は，①と②については相対論者→多元論者→二元論者の順序で低くなろう。他方，③については逆に二元論者→多元論者→相対論者の順序で低くなろう。

表 9.1　各種反応の認識スタイル別出現度（Willkinson & Maxwell, 1991 より）

反応カテゴリー	認識のスタイル	平均得点	F 値	F 値の出現確率
①二つ以上の部分を関連させる反応	二元論者 多元論者 相対論者	7.17 7.86 9.09	4.82	0.01
②ブロット全体に対する反応	二元論者 多元論者 相対論者	0.77 0.81 0.90	3.81	0.01
③常識的な部分反応	二元論者 多元論者 相対論者	7.46 6.75 5.38	15.42	0.000

ウィルキンソンとマクスウェルは多くの大学生に対し、他の研究者たちにより開発された認識スタイルを分類する質問紙を利用し、それぞれが二二人の被験者からなる二元論者、多元論者、相対論者のグループを用意した。これらの被験者の一〇枚のインクブロットに対する反応を整理したものが表9・1である。この表における「得点」は、算出の詳細は省略するが、大きい数字ほど反応の出現度が大であることを示す指標である。

表を見るとまさに先に予測したような傾向が読み取れるのである。

第10章

情報のコミュニケーションと人間の共通知識

〔1〕 話し相手と「スキーマ」

われわれがなにかの内容を相手に説明する際にこの相手が自分の知識（「スキーマ」と呼んでもよい。一種の「基準」と考えられる）と共通の知識を持っているのかどうかによってその説明の内容は異なってこよう。例えば、自分の仲間に対する説明であれば、仲間は自分と同じ知識をすでに持っていると考えられるために、みんなが知っていると思われる典型的、もしくはありきたりな情報についての言及は少なくなるであろう。他方、なにも知らない人に対しては仲間に対して省略された典型的、もしくはありきたりな情報の説明に終始するかもしれない。

こういった問題に関し、バンディーレンドンクとダム（Vandierendonck & Damme, 1988）は被験者に物語を聞かせたあと、その物語を再生して報告する相手を変えることにより、再生の内容が異なってくるかどうかについて吟味している。すなわち、報告を受ける受け手がだれかという知識によって、再認テストではバイアスの掛からない内容が、再生テストではバイアスが掛かってくるという仮説を検証する実験が行われた。

彼らは五つの被験者グループを設定している。

① 友人を再生の受け手として教示されたグループ

② 火星人を再生の受け手として教示されたグループ

③　コンクールを再生の受け手として教示されたグループ
④　単純再生条件のグループ
⑤　コントロール条件のグループ

そして、これらの被験者たちは

①　では自分の友人に対して
②　では地球にまったく来たことがない火星人に対して
③　ではコンテストに対して
④　では実験者に対して

自分が聞いた物語の内容についてのリポートを書くことを求められた（この作業が「再生課題」に当たる）。その際、⑤のコントロール条件のグループに対しては、自分が学校時代に経験した出来事についてのリポートを書くことが求められた。

これらの課題が終了した後に、五つのグループすべてに対して「再認課題」が課せられた。再認課題は物語に存在していた行動二三、存在していなかった行動二三、合計四六の異なった行動の記述をランダムに提示し、それらに対し、プラス三（確かにあった）からマイナス三（確かになかった）までの点数をつけるものであった。再認課題はすべてのグループに課せられたのであるから、⑤のグループに対し、再生課題の代わりに学校時代に経験した出来事についてのリポートを書くことを課したのは、いわば⑤のグループが再認課題に取り掛かるまでの「時間」や「作業負荷」をなるべく他の四つのグループに近づけることにより、コントロールグループとしての適切さを上げようとしたものであろう。

使われた物語はジョンという人物が医者に行くといった内容のもので、A、B二つのバージョンが用意された。予備実験により「患者が医者に行く」という場面で現れる行動の種類を考えられるだけあげて整理した結果、九九種類の行動がリスト化された。さらにこの九九種類の行動の典型性の評定の結果から、「典型的行動」と「非典型的行動」のカテゴリーがつくられた。前述の物語A、Bの中には、これらの中から選ばれたそれぞれ複数個の典型的行動と非典型的行動とが含まれていた。

再認課題の結果は表10・1のようになった。この表は、前述のプラス三からマイナス三の評定において、正の反応（プラス一からプラス三）は再認できた反応として得点一を与え、ゼロおよび負の反応（ゼロからマイナス三）は再認できなかった反応として得点ゼロを与えて累計し、条件別に算出された得点を被験者につき平均したものを載せたものである。表より、物語中に出てきた行動のほうが出てこなかった行動よりもよく再認されていることがわかる。しかし、報告の受け手の違いにより再認成績が異なるという効果は認められてない。

再生課題については、物語中の行動を正確に再現したかあるいは間違いを含んでいたかという観

表 10.1　物語の種類，行動の典型性，物語中の有無，教示の種類別の再認課題における平均得点（Vandierendonck & Damme, 1988 より）

	物語中にあり		物語中になし	
	典型的行動	非典型的行動	典型的行動	非典型的行動
〔物語 A〕				
コントロール	0.88	0.95	0.25	0.03
実験者へ報告	0.85	0.75	0.18	0.03
友人へ報告	0.75	0.75	0.35	0.00
火星人へ報告	0.85	0.90	0.50	0.08
コンテストへ報告	0.83	0.88	0.30	0.05
〔物語 B〕				
コントロール	0.88	0.88	0.18	0.08
実験者へ報告	0.85	0.75	0.28	0.05
友人へ報告	0.78	0.95	0.28	0.08
火星人へ報告	0.88	0.88	0.18	0.03
コンテストへ報告	0.88	0.88	0.45	0.15

表 10.2　物語の種類，行動の典型性，物語中の有無，教示の種類別の平均再生率（Vandierendonck & Damme, 1988 より）

	物語中にあり		物語中になし	
	典型的行動	非典型的行動	典型的行動	非典型的行動
〔物語 A〕				
実験者へ報告	0.45	0.65	0.07	0.00
友人へ報告	0.13	0.30	0.00	0.00
火星人へ報告	0.45	0.38	0.08	0.01
コンテストへ報告	0.60	0.73	0.06	0.01
〔物語 B〕				
実験者へ報告	0.45	0.50	0.00	0.00
友人へ報告	0.05	0.35	0.00	0.00
火星人へ報告	0.33	0.33	0.03	0.02
コンテストへ報告	0.60	0.43	0.06	0.04

点から、再生プロトコルの各要素を分析した。さらにその際、先述のリストに基づき、典型的行動か非典型的行動かの分類も行った。それぞれの結果を比率化し、それらを被験者につき平均したものが表10・2である。

表より、被験者はその報告の受け手の知識がどのくらいあるのかを予想して、それに基づいて報告の仕方を変えていることがわかる。すなわち、典型的行動の再生は友人に対して極端に少なくなっている。また、非典型的行動の再生はコンテストや実験者に対して多くなり、友人に対して少なくなっている。すなわち、報告の受け手が特定の知識を共有していると期待される場合には典型的情報も非典型的情報も省略され、報告の受け手が特定の知識を共有していないと予測されるときには、典型的情報と非典型的情報の両者ともに再生される傾向が認められる。

この研究結果はわれわれの日常生活における経験とも合致し、興味深い。われわれは、相手がなにかを話すときに、だれに対しても同じ話し方をするわけではない。相手が年下の人のとき、自分と同世代の人のとき、年配の人のとき、あるいは、知人のときと未知の人のときといった条件により、同じ話題でも説明の仕方や言及する詳細を変えるであろう。世代や知識、日常生活の内容などを考慮しながら報告戦術を変えるわけである。

〔2〕「スクリプト」とコミュニケーション

われわれは、ある状況において一般的に生じる行為について多くの人々と共有する「知識」を持っている。したがって、ある場面を記述する際に、このような知識に照らして当然の内容に関しては、いちいち表現することもなく省略している。それでも十分に問題のないコミュニケーションが成り立つのである。このような、ある日常的な状況で行われる一般的な行為についてのステレオタイプな知識構造は「スクリプト」と呼ばれている。このスクリプトもわれわれの内的過程に存在する一種の「基準」と考えることができよう。

例えば、シャンクとエイベルソン（Shank & Abelson, 1977）が指摘した「レストランスクリプト」はよく知られている。このレストランに関するスクリプトは、レストランに入る場面、料理を注文する場面、食事を行う場面、レストランを出る場面の四つの場面から構成されていると考えられる。そして、それぞれの場合には、人々に共有されている一般的な行為というものが存在しよう。われわれが、「太郎はレストランへ行った。彼はサーモンステーキを注文した。約束の時間に遅れないように急いで店を出た」という文を読むなら、この文はわれわれの内的過程に存在する「レストランスクリプト」を活性化するであろう。それゆえ、「ウェイターやウェイトレスがサーモンステーキをテーブルに運んできた」とか「太郎はサーモンステーキを食べた」とか「レストランを出るときお金を払った」などの詳細な行為に関しては明示されていなくても，この活性化された「レストランスクリプト」に基づいて，容易に推論することができよう。

この種のスクリプトの機能に関するバウアー，ブラック，ターナー（Bower, Black, & Turner, 1979）の実験は興味を引く。彼らは九種類のスクリプトを想定し（仮に ⓐ～ⓘ と名付ける），各スクリプトごとに三つの物語を用意した。その上で，九種類のスクリプトを三種類ずつ三つのグループに分け（ⓐⓑⓒ と ⓓⓔⓕ と ⓖⓗⓘ），以下のような三条件を設定した。

① 三つの物語のうち一つだけを与えられる→ⓐⓑⓒ のスクリプト

② 三つの物語のうち二つを与えられる→ⓓⓔⓕ のスクリプト

③ 三つの物語全部を与えられる→ⓖⓗⓘ のスクリプト

もし，被験者が「スクリプト」を用いて記憶の再生を行うのであれば，実際には記述されていなかった行為であってもそのとき使用されたスクリプトに関係していれば，誤って記述してしまう可能性が生じよう。しかも，その可能性は前述の三条件において ①→②→③ となるにつれ，増大していくと予測される。なぜなら，同一スクリプトの使用回数が増えていけば，それだけそのスクリプトの活性化の程度が増大していくと考えられるからである。そこで，再生された物語につき，この点につき分析してみると，右の予測にほぼ合致する結果が得られている。

考えてみれば，われわれがもしこの種のスクリプトを持ち合わせていなければ，コミュニケーションというものはじつにエネルギーを要する行為となろう。共通な「文化」のもとで共有する「常識」がいかにわれわれのコミュニケーションを容易にしているかは、異なった文化圏での行為を考えてみればよく理解できよう。換言すれば、その文化圏のスクリプトをいかに早く共有できるようになるかが異文化への適応において本質的な事柄となろう。日常生活において作用するこのような「スクリプト」はわれわれの行為の背後に埋没して、行為を行う際に特にその存在をわれわれに意識させることはないが、行為成立の前提になる非常に重要な一種の文化的「基準」といえる。

第 11 章

物語の理解に見られる人間の情報処理

〔1〕 物語の理解のための「スキーマ」

人々は聞いたり、読んだりしたものを理解する際に、いろいろな「スキーマ」を用いる。スキーマとは理解や記憶を行う際に用いられる概念的に構成された一種の「予期」のようなものであり、本書でいうところの「基準」の一種と考えられる。このスキーマにはいろいろな種類が存在するが、中にはなにか「文法」のような形を取るものもあるといわれている。文法とは、物語中の構造単位を細かく分けるために用いられる一種の規則であり、それにより構造単位が論理的に並べられたり、たがいに関連付けられたりすることになる。例えば、このような文法の中で重要なものの中の一つに「順序」に関するものがあるという。人には標準的な順序に従っていない（すなわち、文法に従っていない）物語を聞いたり、読んだりするとき、その物語の記憶は弱化し、また、一般に標準的な順序に似た形で想起すると、想起の程度がよくなるという。

例えば、スタインとネズウォルスキー（Stein & Nezworski, 1978）の研究はこのことをよく示している。彼らは、物語の想起の仕方を教示により、① 物語を聞いた通りに正確に想起する（“exact recall”）条件と、② 物語を作るように想起する（“make a story”）条件との二種類を設けた。さらに導入から始まり、事件が発生し、それに伴いなんらかの意図が実行され、その結果が生じ、それに対しなんらかの反応がなされる等々といった一定の標準的な順序で構成された物語（標準版）を用意し、この物語につきこれらの順序を少し入れ替えて構成した変化版（小混乱版）と、順序の入れ替えがだいぶ大きい変化版（大混乱版）とを作成した。その上で、彼らは、教示の二条件（“exact recall”と“make a story”）と、同一物語の構成順序三タイプ（標準版、小混乱版、大混乱版）とをかけ合わせた六条件における想起内容を比較してみた。その結果、以下の二つのことが明らかにされている。

① 物語の「順序」の混乱の度合いが大きくなるほど、物語を想起する程度が悪くなる。

② “make a story”条件のほうが“exact recall”条件よりも想起の程度が良い。すなわち、これらの結果は、物語の想起は、順序のスキーマが使用されるときにより良くなることを示している。

もう一つこの種の研究例を挙げておくなら、ユーセン、マシューズ、ホワン、エバンス（Yussen, Mathews, Huang, & Evans, 1988）のものがある。彼らは、先述のスタインとネズウオルスキーの実験のときと同じ類の順序に関し、一定の構造を有する物語（標準版）と、これらの物語の順序構造を混乱させた変化版（混乱版）とを用意した。さらに、想起の仕方にも、スタインらのときと同様に、“make a story”型と“exact recall”型とを設けた。このようにして、物語の順序構造二タイプと想起の仕方二タイプとを掛け合わせた四条件の下で得られた被験者の想起プロトコル（自由想起）を分析している。結果は、スタインとネズウオルスキーの見いだしたものと同種のものであった。

ユーセンらは、さらに、この効果が、「自由想起」という想起の仕方が有する特定の探索・検索プロセスに依存している可能性がないのかを検討している。そのために、記憶テストの課題が「自由想起」ではなく、つぎのような①文章完成課題と②要約作成課題に変えられた。

①　文章完成課題……答えを書く用紙に物語の文章が標準版の順序に従って印刷されているが、各文中の重要な単語やフレーズが空欄となっている。被験者の課題はそれらの空欄を埋めることである。

②　要約作成課題……文字通り物語の要約を作成する課題。

テスト課題の成績は、文章完成課題については空欄の答えの内容をランク付けすることにより、また要約作成課題については要約の適切さと正確さをランク付けすることにより、その評価が行われた。結果は、いずれのテスト課題においても、標準版のときのほうが混乱版のときよりも、より良い成績を示した。すなわち、前述の物語スキーマの効果というものが「自由想起」という想起様式に特有のものではないことを示している。

これらの研究結果より明らかにされた事実は、さらに一般性を持たせた解釈をも可能にさせる。「物語」を散文的・小説的物語に限らずに、一定の順序を有する材料すべてと考えてみればよい。例えば、複数の事象の継起や層状あるいは樹状構造を有するような材料なども機能的にこの範疇に入れられないであろうか。言い換えれば、記憶材料になんらかの「構造」というものが存在し、しかも、われわれの心の中にこの種の構造の標準となるようなものが存在すれば、先に言及されたことと同じようなことが生起するのではあるまいか。すなわち、この標準的構造に反し、バラバラになっているような材料の記憶は劣化し、逆に、標準的構造に合致しているものほど記憶が良くなるのである。記憶の研究において、一般に、構造化されている（structured）ものほど、そうでない（unstructured）ものより記憶の保持が良いことが知られている。「物語スキーマ」の効果も、大きくはこの効果の一つの変化型といえる。

〔2〕 読書とワーキングメモリ

読書に関しては、いろいろな研究がなされているが、その知見のうち、最も重要と思われるものの一つに「ワーキングメモリ」の関与がある。このワーキングメモリというものは、入力された情報をいつでも想起状態に持ち込めるよう作動した状態に保ったり、またそのような状態を維持するために必要なさまざまな操作活動を行う記憶貯蔵庫を指している。

有効な読書を遂行するためには、すなわちストーリー全体の内容を理解するためには、区切り、区切りに出てくるさまざまな断片的情報を「統合」する働きが必要となる。このような「情報統合（information integration）」が十分に遂行されるためには、読書を行うにつれてつぎつぎと現れる断片的情報に関し、先に入力され処理が行われた情報を、後に入力される情報が処理されるときまで保持しておく働きが不可欠である。さらには，そのときどきのためというよりストーリー全体の流れを把握し続けるために必要なより大局的な情報の保持もまた不可欠である。これら両タイプの役割は，ワーキングメモリによって担われていると考えられる。そうであれば，ワーキングメモリの容量が大きいことは，「理解能力」と高い相関を持ってよいことになる。

こういった点について吟味した研究に，例えばダーネマンとカーペンター（Daneman & Carpenter, 1980）の実験がある。彼らは，二〜六の文をセットにした文章材料を用意した。そして被験者に，セット内のそれぞれの文の最後の単語を記憶に保持しつつ，セット全体の文章を声に出して読むことを課した。その結果，この課題における各文の最後の単語の再生成績と，読書能力を測定する標準化されたテストの成績とが高い相関を示したという。そのほかにも，例えば，ターナーとエングル（Turner & Engle, 1989）は，心の中で計算を遂行しながら単語を記憶に保つといった方法でワーキングメモリを操作した実験を行っているが，この場合にも，ワーキングメモリの保持成績は読書能力をよく予測するものであったという。

さて，ワーキングメモリというものが，読書のスムーズな理解を進めるために，先に触れたように，局所的な整合性（文と文の結合に対するもの）と全体的な整合性（ストーリーの全体的モデルに対するもの）とを保つために必要な情報を保持する二重の働きがあるのであれば，ワーキングメモリにおける十分な容量がないものはその不十分な容量を両者の働きに分割して用いねばならないため、厳しい状況に置かれることになろう。すなわち、局所的な首尾一貫性のほうに容量の多くを用いてしまえば、全体的な首尾一貫性のほうに回せる容量はあまり残らなくなるし、全体的な首尾一貫性のほうに多くの容量を用いれば、逆に局所的な首尾一貫性のほうにまわせる容量は小さくなる。このように、両者は、いわゆるトレードオフの関係にある。

また、ワーキングメモリの容量の大きいものは、情報の局所的、全体的統合においてさまざまな仮説的統合を形成し、これらを保持しながら可能な解釈をテストするためにさらに新しい情報を使用するといったことができよう。しかし、ワーキングメモリの容量の小さなものはこのようなことを十分に遂行することができないので、これを補うためになんらかの情報処理上の対策を講じている可能性がある。

〔3〕 物語理解のスキーマである「パースペクティブ」

われわれが物語を読む際には、そこになんらかの理解枠組みが作用していると思われる。このことはすでに先において言及した。すなわち、物語理解のための「スキーマ」の存在である。この種のスキーマの一種として「パースペクティブ」というものが考えられる。

われわれが同じ物語を読むときであっても、どういう「パースペクティブ（perspective）」（眺望、展望）でその物語を読むかによって、その物語の細部の記憶内容が異なってくることが考えられる。「パースペクティブ」とは，絵画の世界では「遠近（画）法」と訳され，よく用いられている用語であるが，三次元の視覚的世界において，奥行方向に平行な線は垂直面上に投影された際に「消点（vanishing point）」に向かって収束する構造を持つことを指している。しかし，ここでいう「パースペクティブ」は，物語の全体構造の骨格をなすような枠組みとでもいおうか，あるいは物語全体を展望するある種の「視点」とでもいったらよいような一種の内的「基準」を指している。

この「パースペクティブ」が，読書の際に有効に用いられるケースとそうでないケースとがあることを示した興味深い研究がある（Lee-Sammons & Whitney, 1991）。この研究は，前述のワーキングメモリの容量が異なる者の情報処理上の特性として，この「パースペクティブ」の用い方に違いが生ずることを明らかにしている。すなわち，文章材料を読むのに使うための「パースペクティブ」が与えられたとき，ワーキングメモリの小さな者は情報統合を導くために「パースペクティブ」をより多く使用し，より「パースペクティブ」に縛られた内容の表象を形成する特性が認められるというのである。

リー・サモンズとホイットニー（Lee-Sammons & Whitney, 1991）は，大学生に対し文の最後の単語を記憶に保持しながら，その文が意味のある文か意味のない文かを判断する課題により，ワーキングメモリの容量を測定した。その結果に基づき，容量が小，中，大の三グループを設定した。そしてこれらの三グループに対し，読書課題を課した。この読書課題では，「人がある物語についてどのように考え、記憶するのかということを調べるために、その物語の主要概念をどれだけうまく覚えられるのかということを実験してみる」という教示の下に、①泥棒、②家の買い手、という二種の「パースペクティブ」が与えられた。これらの「パースペクティブ」は、被験者が主要概念を覚えるのを助けるものであり、それぞれの「パースペクティブ」からそれぞれの文の関連について、物語を読むように指示された。文章を読む時間は二分間であり、その五分後に一回目の再生テストが行われた。このテストでは、文章から思い出されることをすべて書き、再生できるものはなんでも再生する（ただし、できるだけ元の文章に近くなるようにする）ことが求められた。一回目の再生テストの後に視空間テストなど、一連の二五分間の挿入課題が行われ、その後に二回目の再生テストが行われた。

結果は、被験者の再生した文について、それらの文中に主要概念のユニットがいくつ存在しているかを、二人の評定者が得点化することにより整理した。このことより得られた傾向をラフスケッチするならば、二つのことを指摘することができる。一つは、ワーキングメモリの容量が小→大になるにつれ物語の再生成績は良くなるということである。もう一つは、ワーキングメモリの容量の大きい者はあまり「パースペクティブ」に依存しないということである。前者の傾向は当然の結果ともいえようが、後者の結果は興味を引く。文章材料を理解する際に情報の局所的な整合性とストーリー全体に対する整合性との両者の吟味において、ワーキングメモリの容量の大きい者は、容量が大きいがゆえに十分に両者の作業を遂行することができよう。しかし，ワーキングメモリの容量の小さい者は，容量が小さいがゆえにその種の作業に際し，なんらかの「支援ツール」が必要となろう。この「支援ツール」として，「パースペクティブ」という一種の内的基準が利用され，いわゆるトップダウン的処理に依存するところが大になるものと考えられる。

第12章

スキーマ間の結び付き

〔1〕 スキーマ間の階層的結合

複数のスキーマ間にはなんらかの結合的構造が存在しよう。その典型例として，階層的構造を挙げることができる。すなわち，この場合には低次のスキーマは高次のスキーマの構成単位となっており，高次のスキーマは低次のスキーマを統合している。それゆえ，高次のスキーマは低次のスキーマに対しある種の制約を課す。われわれの認知系にはこのように高度に統合されたスキーマの階層が存在し得る。このスキーマ間の階層的関係の存在は，別のいい方をするなら「親スキーマ」と「子スキーマ」の関係の存在ということである。

こういったスキーマの階層はどのようにして成立したものであろうか。この成立に影響を及ぼす要因として，少なくとも二つのものを考えることができる。一つは，種としてのヒトの「進化論的制約」である。もう一つは，おのれの住む世界に関し，知識を他の仲間と共有する必要性から生ずる「知識的制約」である。両制約の関与は，スキーマの階層構造というものが，ダイナミックな過程を経て成立していくことを示唆している。これら「進化論的制約」と「知識的制約」の両要因が関与している有望な一つの研究分野として，「空間知覚」の分野が考えられる。

〔2〕 スキーマ間の連結構造

ツィンマー（Zimmer, 1986）は、前述の「空間知覚」の分野において、スキーマ間の階層的構造を直接に明らかにする類の研究ではないが、少なくとも、二つのスキーマ間の結合状態に接近していると思われる興味深い実験を行っている。この研究が取り上げている空間的定位判断に関する二種類のスキーマは、その成立についていえば、先の「進化論的制約」と「知識的制約」といかなる関係にあるのかは定かではないが、少くともこの研究はスキーマ間の結合関係を考える上でのヒントをわれわれに提供している。ツィンマーが取り上げたこれら二種のスキーマは、以下のような特質を有するものであった。

（1） 空間のトポロジカル（位置関係保存的）な特質

（2） 遠近法的な特質

ここでは、これらのスキーマに関してツィンマーが行った二つの実験について触れてみよう。

最初の実験は、空間のトポロジカルな制約条件に関し、その強度の効果を検討したものであった。被験者に課せられた課題は、写真によって知覚された空間の方向定位に関するものであった。すなわち、被験者は、写真と、枠のついたのぞき窓とを渡されて、ミュンスター市内の所定の場所（建物が並び立っている一定地区）を歩き回り、その写真を写した正しい視点（位置）を探索することを求められた。被験者には実験心理学の授業を選択している男女各一〇人計二〇人の学生があたった。

写真を撮影した視点は、見えている建物の「隣接性」と「遮蔽性」という「トポロジカルな制約条件」に基づいて、つぎの三つのカテゴリーに分けられた。

①　安定位置

視点位置の左右への微量（一・〇メートル以下）の移動が、トポロジカルな制約条件に有意な変化をもたらす条件

②　準安定位置

一方向に関しては①と同じだが、他の方向の移動に関しては有意な変化をもたらさないような条件

③　不安定位置

いずれの方向への移動も建物間のトポロジカルな制約条件に変化をもたらさないような条件

結果は、被験者の選んだ地点と正しい位置との間のずれの距離が測られた。表12・1から明らかなように、安定位置条件から不安定条件に移るにつれ、ずれの距離は増加している。すなわち、トポロジカルな制約が弱まるほどずれの距離が大きくなるわけである。不安定位置条件であっても、目標位置（正しい位置）を絞り込むために窓とか扉といったような建物の下部構造を利用すれば反

応はより正確にできたはずである。しかし、そのようなことを被験者たちはしていない。建物全体のレベルでの隣接性や遮蔽性といったトポロジカルな制約は、窓とか扉といったような建物の下部構造における手掛かりよりも、より高次な制約条件と考えられる。したがって、ツィンマーの課した課題における被験者の知覚において、低次ではなく高次の制約条件のほうがいかに大きく効いているかを示しているように思われる。

ツィンマーはさらに、今度は建物間のトポロジカルな関係は保存されているが、遠近法的な制約は破られているという条件を設定した実験を行っている。実験は前述のものと同様に写真を見てそれを撮影した位置を判断するものであった。ただし、今度は、実際の建物ではなく、色や形の異なる一〇個のボール紙の箱を建物とみなしてある位置関係に置いたものを撮影した写真が用いられた。実験にはつぎのような三条件が設けられた。

① コントロール条件
なんの操作もほどこされていない写真が用いられる。

② 回転変化条件
一つないし二つの建物が水平方向に一〇度回転させられる変化がほどこされた写真が用いられ

表 12.1 正しい位置からのずれ (Zimmer, 1986 より)

条　件	メディアン〔m〕
安定位置	2.3
準安定位置	4.7
不安定位置	5.6

る。

③　垂直変化条件

風景中の異なる位置にある一つないし二つの建物の写真部分を上方または下方にずらして遠近法の地平線を上方または下方に一〇度変えた写真が用いられる。

②の回転変化条件では建物間のトポロジカルな関係は破っていないし、水平方向の回転変化であるから、遠近法に基づく水平線との位置関係も破ってはいない。それゆえ、被験者の課題遂行成績は①のコントロール条件と同じような結果となることが期待される。他方、③の条件では、トポロジカルな関係は保存しているものの、遠近法の制約を破っているわけであるから、被験者の課題遂行成績が下がることが予想される。

結果は、表12・2のように、目標位置からのずれの位置については、予想に反し、各条件間に差が生じなかった。しかし、目標位置を探索するのをあきらめた被験者の数や（表12・3）、目標位置を判断するまでに要した時間（表12・4）について見るならば、①のコントロール条件と②の回転変化条件に比べ、③の垂直変化条件において位置判断がより困難になったことがわかる。

ツィンマーの二つの実験結果を併せ考えると、複雑な空間的場面を知覚する際には、少なくともつぎのような二種の定位判断のスキーマが確かにかかわってくることがわかる。

ⓐ　当該の空間場面全体の知覚にかかわる（例えば水平線を導く）遠近法的関係

表 12.2　目標位置からのずれ（Zimmer, 1986 より）

条　件	メディアン〔m〕
コントロール	1.7
回転変化	1.9
垂直変化	1.9

表 12.3　目標位置の判断をあきらめた人の数（Zimmer, 1986 より）

条　件	人　数（%）
コントロール	1　(2.5)
回転変化	5　(1.9)
垂直変化	35 (13.5)

表 12.4　判断時間（Zimmer, 1986 より）

条　件	平　均〔分：秒〕
コントロール	2：13
回転変化	
建築物一つ	2：35
建築物二つ	2：32
垂直変化	
建築物一つ	3：15
建築物二つ	3：05

ⓑ　当該空間場面の中において特に顕著な対象（例えば、建物どうし）に関するトポロジカルな関係

ただし、これら二つのスキーマがいかなる結合関係にあるのかについては、以上の結果からだけでは、もう一つはっきりしない。この結合モデルとして可能性のありそうなのは、以下の三つのタイプであろう。

（1）　直列的な結合

まず ⓐ の過程の情報が抽出され、その後に ⓑ の過程の情報が抽出される。この場合が典型的

な高次・低次関係ないし階層関係に相当しよう。

（2）　並列的な結合

ⓐ、ⓑ 両過程の情報が重複して抽出される。

（3）　並列的かつ連結的な結合

ⓐ、ⓑ 両過程間で整合する情報のみが抽出される。

このようなモデルのうちのいずれの結合がなされるかについては、今後の研究により明らかにされていくことであろう。

第13章

認知的「モメンタム」効果

「モメンタム」効果とは聞き慣れない用語であるが，ここでは物理学的な意味合いの比喩的表現として用いられている。すなわち，運動モーメントというか運動力の「慣性」のようなものをイメージしてもらえればよい。認知的表象にもこのような認知上の「動きの慣性」が存在することが考えられる。このような効果の存在を示唆する現象例を二つ以下に挙げておこう。

〔1〕 直観的運動軌道に見られる「モメンタム」効果

最初に取り上げる例は，直観的レベルにおいて物体の運動軌道を判断する課題で見いだされた現象である。マックロスキー，カラマッツア，グリーン（McCloskey, Caramazza, & Green, 1980）はジョンズ・ホプキンス（Johns Hopkins）大学の学生に対し，アルファベットのC文字のように湾曲した筒を描いた図と，蚊取線香のように何重かの渦巻き状になった筒を描いた図を用いてつぎのような課題を課した（図13・1）。

「この絵は金属性の筒を上から描いたものです。この筒の矢印の端から金属球が挿入され，他の端から高速で発射されます。筒を出てから後の金属球のたどる軌道を図中に描いてください。なお，空気抵抗はないものとします。また，金属球は筒の中すべてを同じ速度で運動するものとします。」

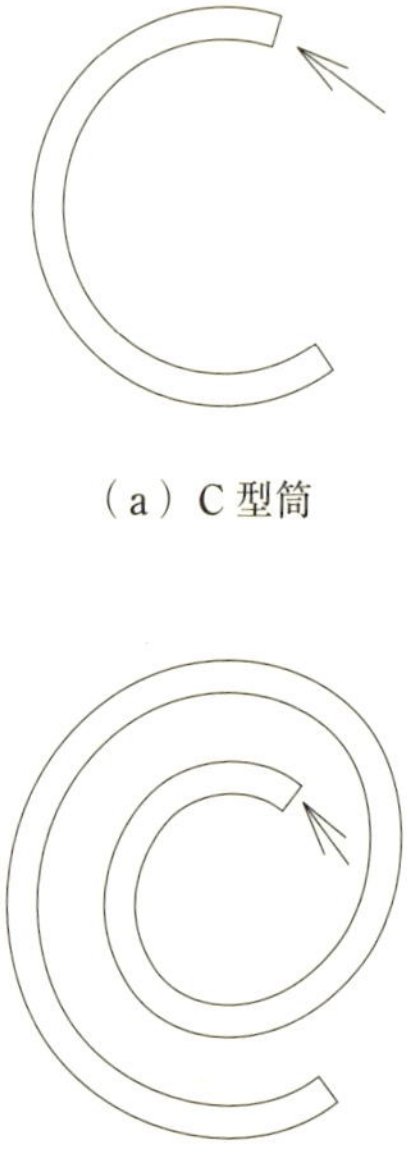

（a）C型筒

（b）渦巻き状筒

図 13.1 C型筒および渦巻き状筒の上から見た課題図（McCloskey, Caramazza, & Green, 1980 より）

この課題の正解は、C文字状筒の場合も渦巻き状筒の場合も、自然物理学の法則に従い、「筒の出口から引かれた接線」を描いたものになる。しかしながら、得られた結果は、正解の接線方向の直線ではなく、筒のほうに内側に湾曲した軌道を描く者が多く見られたのである。その割合は、C文字状筒の場合には全体の三三パーセントとなり、渦巻き状筒の場合にはなんと全体の五一パーセントにまで上昇している。

もう一つ、別の課題を見てみよう。今度は、ハンマー投げのような事態に関する課題である（図13・2）。

「この絵は、ひもに金属球を取り付け、頭上で円を描くように高速でぐるぐる回転させているところを上から見て描いたものです。円は金属球の描く軌道を表し、矢印は運動方向を示しています。

円の中心と金属球とを結ぶ線分はひもを表しています。ぐるぐる回転する金属球が下の絵に示されている地点に来たところ，ひもが金属球の取り付け箇所で切れてしまいました。ひもが切れた後に金属球がたどる軌道を描いてください。なお，空気抵抗はないものとします。」

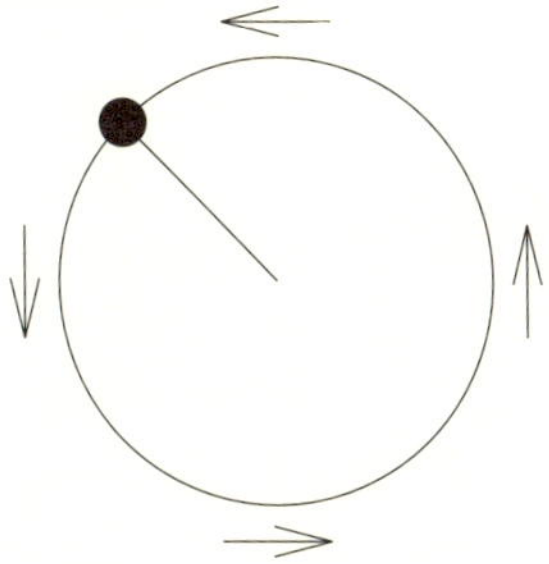

図 13.2　ハンマー投げ型事態の上から見た課題図（McCloskey, Caramazza, & Green, 1980 より）

この課題の正解も，先の課題と同様に，「ひもの切れた箇所から引かれた接線」を描いたものにならねばならない。しかしながら，得られた結果は，正解の接線方向の直線ではなく，円弧の方向に湾曲した軌道を描く者が全体の三〇パーセントを占めた。これらの結果はなにを意味しているのであろうか。

われわれは日常生活においてさまざまな力学的事象を経験している。このような経験から，われわれは力と運動の関係に関する一種の心的モデルのようなものを形成すると考えられる。その種の心的モデルは必ずしも自然物理学に整合的な内容となっているわけではない。自然物理学からすれば誤った先入観に基づいて成立したようなものもあり得よう。

例えば，われわれが経験する日常世界では，摩擦が存在する。そのため，等速運動を維持するためには同一方向における持続的な力が必要である。その結果，われわれは，等速運動というものはつねにその運動と同一の方向になにか持続的な力を生み出すものであるという心的モデルを抱きがちになる。この「運動における持続的な力を生み出しているもの」こそ先に言及した「モメンタム」であり、それが直観的な軌道判断という認知プロセスの中の作業においても作用しているのである。

さらには、あるタイプの運動を装置などにより強制的に実行させせられた後、この装置的制約がはずされても、依然、前の運動と同一の方向への運動力が持続されるという、より一般化された心的モデルもまた形成され得よう。この「前の運動と同一の方向への運動力が持続される」ことが「モメンタム」に相当することはあらためていうまでもなかろう。こういった「心的『モメンタム』モデル」が働くことにより、渦巻き状の筒から発射された金属球が筒から発射された後も渦の方向に湾曲した軌道を描くと多くの人々に思わせ、また、ハンマー投げのごとくひもに結ばれ頭上で回転させせられている金属球がひもの切れた後も円弧を描くと思わせるような認知を成立させるのである。この種の「モメンタム」効果は、特定の個人に見られるにすぎないといったものではなく、その基本的部分は多くの人々の間で整合性を有しているように思われる。このことは、先のジョンズ・ホプキンス大学のデータや、他の課題を用いたマサチュセッツ（Massachusetts）工科大学のデータや、これらの課題に関する追試を行った中島（一九八七）の一連のデータを見ることにより十分に納得できるのである。その「一般性に」われわれは驚きの念を禁じ得ない。

〔2〕 認知的表象に見られる「モメンタム」効果

先の例は、図に描かれた絵を見て物体の運動軌道を直観的レベルで予測し、これをその絵中に描画してみることが問題とされた。今度の例では、実際にその位置を変化させる提示図形について、その最終位置についての認知がどのようになるかが問題とされる。すなわち、連続的に位置を異ならせる図形を提示したときに、最後に見た物体の位置はこの「連続性」の延長上にずれを生じて認識されるのかどうかということが検討される。このような実験的操作は、先の場合に比べ、提示図形の「認知的表象」そのものの動きに、より接近できているように思われる。以下においてこの種の研究を行ったベルフェイリーとディドワレ（Verfaillie & d'Ydewalle, 1991）の実験について少し触れてみよう。

彼らは、複雑な変化パターンの中に単調な運動を組み込んだときの記憶の歪みの大きさと方向を調べている。刺激は図13・3のように長方形をつぎつぎと連続して提示するものであった。各長方形（誘導パターン）の提示時間は二四〇ミリ秒であり、提示と提示の間隔時間も二四〇ミリ秒であった。最後の長方形（記憶パターン）が提示されると、「この位置を記憶せよ」という意味で警告音が鳴った。その後二四〇ミリ秒のブランクを置いてテストパターンの長方形が提示され、この長方形の位置が記憶パターンの長方形の位置と「同じ」か「違う」かを所定のボタンにより反応す

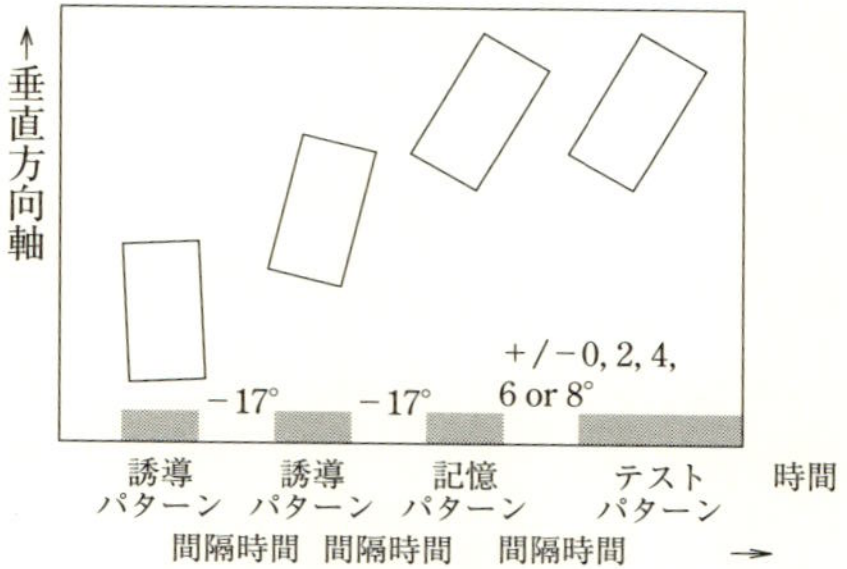

（a）「非周期的」条件

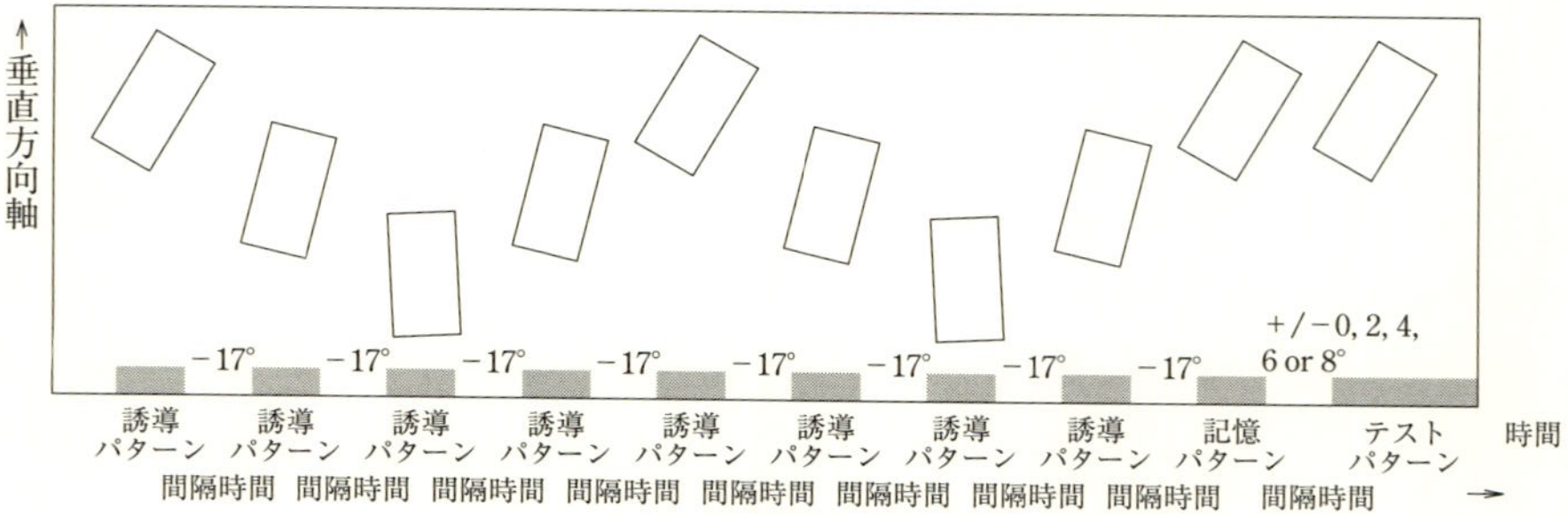

（b）「周期的」条件

図 13.3　ベルフェイリーとディドワレの実験（Verfaillie & d'Ydewalle, 1991 より）

ることが被験者に求められた。テストパターンの長方形は被験者が反応するまで提示され続けた。

刺激条件には「非周期的」条件と「周期的」条件が設けられた。「非周期的」条件では、長方形は図13・3（a）のようにスクリーンの中央部をその中心点を軸に一七度の角度差をもって回転した。「周期的」条件では、図（b）のように、長方形は一七度の角度差の回転を何回か行い、途中から今度は逆方向に一七度の角度差の回転を何回か行い、このような前後運動を最後の記憶すべき位置の長方形にくるまでくり返した。そして、最後の周期部分は「非周期的」条件で用いられていたパターンと同一の内容となっていた。両条件において、テストパターンの位置は二度ずつのステップで九種類の回転変化により設定された。

「非周期的」、「周期的」の二条件は一日一条件ずつ二日にわたって実施された。各条件内では九種類のテスト図形に対する数回の反復試行がランダム順でなされた。試行間隔は二秒であった。被験者は大学で心理学を学んだ学生もしくは心理学部のスタッフで男女各八人であった。

この実験は、「周期的」条件すなわち前後の運動を伴った連続体の中に、単調な「非周期的」条件（「周期的」条件の最後の部分をなす連続体）を組み込んだ際に、最後の図形の記憶上の変位（「モメンタム」効果）が、連続的変化の最後の部分に見られる秩序の影響を受けるのか、それとも、それよりハイレベルな周期全体としての連続的変化の中に存在する秩序の影響を受けるのかを検討することを目的としている。もし、「モメンタム」効果が短区間の変化スタイルだけの影響を受けるのであれば、これは、「非周期的」条件と「周期的」条件とで変位方向は同一のものとなろう。しかし、「周期的」連続体がハイレベルの秩序をもつ事象構造として位置を予測させるのであれば、短区間の運動軌跡の方向（「非周期的」条件）とは逆の記憶位置の変位が生じるはずである。よしんば、変位を引き起こす「モメンタム」の力が小さかったとしても、少なくとも、「非周期的」条件の変位と異なり、変位が「ゼロ」となる現象の出現が予測される。なぜなら、方向変化がプラスからマイナスへと逆転する場合には、「ゼロ」変化を経過しなければならないからである。

被験者は頭部を固定され、観察距離一一四センチメートルから、個別にテストを受けた。実験室は暗黒とされ、刺激図形以外の視覚的判断材料は置かれなかった。判断は、「なるべく速く、かつ、正確に」行うことが求められ、位置が「同じ」か「違う」かは先述のごとくボタン操作により反応した。

図13・4は「同じ」と反応した割合の分布を示したものである。

「非周期的」条件では、分布の頂点は回転方向に二度ほど変位していることがわかる。分布の平均をとると回転方向に一・二〇度となる。他方、「周期的」条件では、分布の頂点は中心と一致しており、分布の平均をとると回転方向に〇・二九度となっている。すなわち、長方形の記憶位置は、単調な回転（「非周期的」条件）を見た後には、回転方向に変位するが、前後回転を交互に行う（「周期的」条件）連続体の中に組み込まれたときには、この変位がほとんどゼロとなったわけである。このことから、つぎに起こる事象というものが、直前の事象の運動軌跡の連続上に予期されるのではなく、事象全体が有するハイレベルな秩序を有する事象をもとに予期されていることがわかる。このような、「観察者が物体の運動を物体の最後の物理的位置とは異なったところに推定

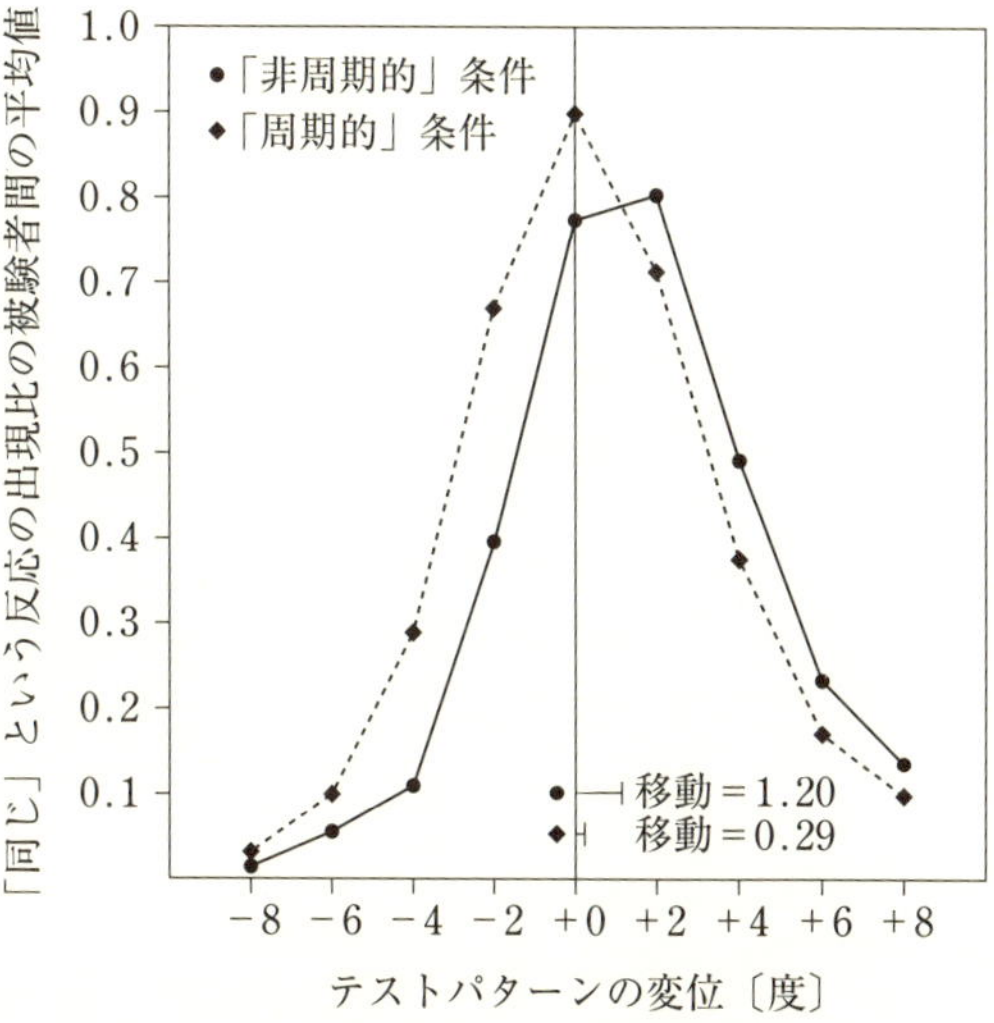

テストパターンの変位における＋は，テストパターンの変位が，最後の誘導パターンから記憶パターンへの変化方向と同じ「前方」へ生起したことを示す。他方，−は逆の「後方へ」生起したことを示す。また，中央の垂直線は，記憶パターンの実際の位置（正しい位置）を示している。

図 13.4　ベルフェイリーとディドワレの実験結果
（Verfaillie & d'Ydewalle, 1991 より）

する」効果をここでは「認知的表象に見られる『モメンタム』効果」と考えているわけである。

　このように、本節で紹介した実験結果は二つのことを明らかにした。一つ目は、「認知的表象に見られる『モメンタム』効果」は、部分的な運動軌跡に基づくのではなく、ハイレベルな運動事象構造の表象に基づくということである。二つ目は、この効果は、周期的といったような複雑な運動を伴わないときには、「物理的モメンタム」を思わせるような記憶変位を生み出すということである。一つ目のことは、換言すれば、この効果は、その本来の事象内容が長期記憶（long-term memory）に貯蔵されているそれ以前の事象内容に基づく推定により決定されていることを示唆している。この長期記憶における「知識的表象」ないし「心的モデル」の働きは、先の、直観的運動軌道のモメンタム効果に関する実験結果においても見られたものである。ここでは、例えば、蚊取線香状に渦巻型をした筒に、渦の中心部から球を込めて螺旋《らせん》をぐるぐる回って最後に飛び出すように打ち出す際に、この球はいずれの方向に飛んでいくのかという認知的推定課題が問題とされた。その結果は、物理学を学んだ者も含まれた報告者のうちのかなりの者が、飛び出した球は湾曲した軌道を描くと推定した。すなわち、最後の湾曲部分の接線方向という物理的方向ではなく、「何度もぐるぐる回る状況下」という事象全体にわたるハイレベルな知識的内容の影響をより強く受けた判断を産出したのである。

第14章

人間と情報コミュニケーション

〔1〕 コミュニケーションのタクソノミー

「コミュニケーション」という用語は、ある「状況」（もしくは「事態」もしくは"situation"）を表している。この「状況」の「構成素」として不可欠なものに「人」がある。その「人」のかかわり方として以下の三種類が区別される。すなわち

① 人と人
② 人と動物
③ 人と機械

である。これは、例えば、「人とテレビ」とか「人と新聞」といったような、「人」といわゆる「メディア」との関係を頭においての「タクソノミー（taxonomy）」（分類学）ではない（この分類はよく行われている）。なぜなら、「メディア」といったときは、情報の「送り手」と「受け手」を「媒介するもの」を頭に置いているからである。ここでは、むしろ、「媒介する相手」（事態に応じて「送り手」になったり「受け手」になったりする）を頭に置いて分類しているのである。

① については、日常生活においてわれわれが普通に行っている「行為」から生み出される「状況」である。このケースがわれわれにとって一番多くの経験を生み出しているので、この場合については、後で取り上げる。

②については、いわゆる「動物との交流」である。当然のことながら、「コミュニケーション」という状況が成立するための「構成素」として、外的に表出されるいわゆる「言語」というものは必ずしも必要条件とはならない。このケースもわれわれの身近でよく見聞きするものであり、その内容については直観的に十分に理解可能と思われるので、ここでは触れない。しかし一言付け加えるならば、ストレス過剰気味の現代もしくはこの傾向が持続すると思われる近未来社会においては、この種のコミュニケーションの果たす役割が増大すると思われる。それだけに、動物の行動に焦点化するのではなく、むしろ人と動物との「かかわり」に焦点化した「新しい『動物心理学』」の構築が求められよう。

③については、若干の説明を要しよう。この典型例はいわゆるロボットとの交流である。たとえ人間の側からの働き掛けに応じて反応が返ってくるにしても、ロボット自身はあらかじめ定められたソフトにしたがって「機械的に」反応しているにすぎない。ソフトが初期のものから「発達していく」いわゆる「学習型」のものであっても、本質においては変わりはない。しかし、当該の人にとっては、十分なコミュニケーションの成立を「主観的」に「実感」しているのである。あるいは、相手が「バーチャルな」映像で作られた場合も同じである。ゲームソフトによる「映像」の世界における登場人物とのやりとりはこのよい例である。③のタイプのコミュニケーションは、現代においてもその兆しが見受けられるが、近未来社会においては相当に増大することが推測され

る。一般的にいえば，より「機械」を感じさせない，また，より「バーチャル」を感じさせない工夫がもてはやされるかもしれない。しかし，場合によっては，あえて「現実」との「距離感」をもたせる工夫が求められることもあろう。例えば，「ゲーム」と「現実」の間の距離感の欠如が及ぼす影響については今後十分な研究が行われるべき問題であろう。③のタイプのコミュニケーションには，場合によっては，「発達的」また「教育的」視点からの配慮が必要条件となる。

〔2〕 人と人とのコミュニケーション

この場合には，三つのケースが区別される。すなわち，自己と自己，自己と他者，他者と他者の三種類である。

(a) 自己と自己とのコミュニケーション

これは，自分の中の自分とのコミュニケーションのことである。分類項目としては，少し奇異な感じがするかもしれないが，日常経験からすれば，自分の中の自分に「語り掛ける」とか「相談する」といったことは頻繁に行っていることなのである。認知心理学の今後の発展の中で，多くの問題にかかわり，非常に大きな可能性を秘めていると著者には思われる「メタ認知」は，まさにここでいう「自己と自己とのコミュニケーション」の異形同意のものといえよう。心の中のもう一人の自分が自分自身の状態を認知し，活動がうまくいくように操作すること，すなわち「自分の認知過程を認知し、行動を操作する心の働き」は「メタ認知（metacognition）」と呼ばれている。この概念の重要なのは、このメタ認知的知識が、その内容の正確さにかかわらず、結果としてわれわれの行動プラン成立の基礎をなしていることにある。しかしながら、「メタ認知」は、その概念の重要さにもかかわらず、まだわからないところが多く、認知心理学の領域の中でも今後さらに理論的、実証的研究が求められている領域の一つである。「メタ認知」はわれわれの日常生活におけるありとあらゆる行動に広い範囲で結び付いている。この能力が十分に機能することが、人間らしさや「生活の質」（quality of life, QOL）を高めるために非常に重要となる。今後の研究は、「メタ認知」の性質やメカニズムに関する基礎的研究とともに

① 「メタ認知」の障害の問題
② 「メタ認知」と加齢との関係
③ 「メタ認知」と教育との関係

など、実際、生活場面と密接に関連した研究が盛んになっていくと思われる。

(b) 自己と他者とのコミュニケーション

これが、通常の日常生活で「コミュニケーション」というときの形態である。この形態において心理学的に取り上げるべき問題については、「社会心理学」や「社会情報学」といわれる領域で盛んに研究が行われている（行われてきているはずである）。ゆえに、ここでは、われわれ一人一人

に焦点合せをしたときに、今後取り上げられるべき問題について若干考えてみよう。「自己と他者とのコミュニケーション」においては、必ずそこに「情報」の行き来がある。もちろん、「情報」が媒介的に入らない、自己と他者のコミュニケーション形態もあり得よう。例えば、「共感」とか、「情動の共有」や「フィーリングの共有」といったような相手との直接の「ふれあい」はこの例に当たる。コミュニケーションという視座からこういった問題を取り扱うこともできるのである。

まったくの「個」のレベルでいえば、コミュニケーション事態において行き来する「情報」の処理を、その「個人」における認知過程の

① 入り口

② 中枢

③ 出口（反応）

の問題として整理できる。あるいは、こういった問題に写影して論ずることができよう。②の問題がらみでいえば、例えば、「人」の情報処理が、外的に与えられている刺激に依存する「データ駆動型処理」と、その人が内的に所持している知識・経験に依存する「概念駆動型処理」の両者により行われていることへの留意が必要になる。後者における「概念」の具体的中身として例えば「スキーマ」とか「スクリプト」の問題がある。これらの「認知的ツール」はいってみれば「個人」の中における情報処理にかかわるものであろうが、その「形成」の過程に「コミュニケーション」

事態が深くかかわっていることはいうまでもあるまい。「内的変数」の「形成」に一見関係なさそうな「コミュニケーション」が関与しているこの種の他の例をもう一つ挙げておこう。それは、フロイトの「精神分析学」の理論における「無意識」の世界のダイナミズムにかかわる「超自我」の形成に一見関係なさそうな「コミュニケーション」が影響を及ぼしているということである。フロイトによれば、人の「こころ」は、「快楽原則」に支配されている本能的な欲望である「イド」と、この欲望を抑圧する「超自我」と、これらと現実との間を調整する「自我」との三層からなっているという。考えてみれば、「超自我」はその「個人」の生育過程における両親など「他者」とのかかわりの中で育まれた一種の「道徳律」のようなものであるから、そこには必ず「コミュニケーション」が媒介的役割を果たしているのである。

(c)　他者と他者とのコミュニケーション

これは、あまりピンとこないタイプのコミュニケーションである。文字通り他者と他者がコミュニケーションしている場合だけの意味であれば、(a)(b)の二つのカテゴリーと併置する意味があまりない。すなわち、ここで意味したいのは、他者と他者のコミュニケーションを観察する自己が存在する場合である。この種のカテゴリーを立てることには異論もあるかもしれない。しかし、著者はこれも一種のカテゴリー形態と考えている。「コミュニケーション」というと情報の送り手と受け手の双方がそれぞれの存在を意識しているもしくは認識していることが前提になっているように思われるが、必ずしもそのように狭く考えることはない。例えば、情報の送り手はなにもなんらかの情報をだれかに対して伝達するという意図を持っている必要はないのである。「結果として」そうなっていれば十分なのである。ということは、受け手がそれを「メッセージ」として受け止めれば、これも広義の意味の「コミュニケーション」である。いや、さらにいえば、受け手が主観的に「メッセージ」と思わなくても、その情報を結果的に自己の活動（営み）の中に取り込めば、これもまた立派な「コミュニケーション」であると著者は考えている。ここで取り上げている「コミュニケーション」はそのような考え方から引き出されたものである。すなわち、例えば、他者と他者が会話している内容をたまたま隣の部屋で耳にした第三者の人がその内容からなにかの情報を自己の中に取り込み、その人の考え方や行動に影響が及ぼされるのであれば、これもまた「コミュニケーション」の一形態なのである。また、AさんとBさんという二人が取っ組み合いの喧嘩をしている（これもAさんとBさんとの間での一つの「コミュニケーション」の形態である）姿を見て、なにかを「観察学習」（例えば、喧嘩をしないことを学習すること）したとすれば、これはここでいうタイプの「コミュニケーション」ということになる。

〔3〕 別の認知研究の視点から考える

人間における内的情報処理過程を想定せずに、われわれの認知というものを「日常の具体的生活場面における外界」（すなわち「状況」）との絶え間ない相互作用によって生ずるプロセスそのものであると考える，いわゆる『状況的認知論』に立てば，コミュニケーションという「状況」は認知活動の根幹を支えるものとなる。なぜなら，相互作用する「外界」は「人」であり「動物」であり「機械」であり「もの」であり「自然」であるからである〔（1）のタクソノミーを参照してほしい〕。あるいはまた，これらを内包した，われわれを取り巻く日常的「環境」であるからである。

この，人間の認知活動における「状況」依存性を重視する研究姿勢を徹底させるならば，いわゆる「『エスノメソドロジー』の認知心理学」の考え方と連結してこよう。すなわち，この立場では，研究者は人々の日常の活動（研究対象としている認知に関連している活動）に自らも参加することによって，これらの人々と相互作用しながら，生の観察・学習を進め，その活動にいわば自然な形で埋め込まれている「認知」というものを理解しようとすることになる。この立場においても，コミュニケーションという「状況」が，人々との相互作用や生の観察・学習を実現する前提となっていることは，あらためていうまでもなかろう。

また，環境と相互に依存し合う関係の中で生活体が示す活動そのものが「知覚」であり，情報は処理されるのではなく，その生活体により環境から直接に抽出されていると考えるいわゆる『生態学的知覚理論』の考え方も，少し強引かもしれないが，拡大解釈をすれば，人とその人を取り巻く「環境」（もの）との直接的コミュニケーションのきわめて特殊な場合といえなくもない。少なくとも、その発想は、先に言及した『状況的認知論』や『エスノメソドロジーの認知心理学』と同じ類のトレンドに乗っているように、著者には思われる。

〔4〕今後なされるべき「心理学的」研究課題いくつか

最後に、今後の社会においてこれまで以上にその知見が求められる「コミュニケーション」とかかわりを持つ認知心理学的な問題をいくつか挙げておこう。例えば

① 「コミュニケーション力」を高めるための「教育工学的」なメニューもしくはトレーニング法の開発

② 「スポーツ」における競技場面や選手に対するコーチング場面における「コミュニケーション」の問題

③ 言葉の発声にしても、身振り・手振りにしても、表情・目の動きにしても、そこには必ず「動作系」の関与がある。こういった「動作系」と「コミュニケーション力」の発達との関連をめぐる問題

④ 「コミュニケーション」状況が欠如しているかもしくはきわめて制約されている場合（例えば、近未来社会において増加すると考えられる「宇宙環境」やなんらかの「閉鎖環境」など）に現れる問題

等々が挙げられよう。

また，このほかにも，特に「認知心理学的」色彩の強い問題を挙げるなら

⑤「コミュニケーション」される情報の解釈ルール（例えば，「スキーマ」，「スクリプト」，「基準」など）の当事者間における共有の問題

⑥ 個人における「コミュニケーションスキル」にかかわる要因（例えば，「ワーキングメモリ」や「処理資源」など）をめぐる問題

などは，その典型例であろう。

第15章

絵画の鑑賞に見られる人間の情報処理

〔1〕 図・地の反転図形

図15・1をじっと見ると、白い部分が杯として見えていると思ったら、それまで背景をなしていた黒い部分が二人の人間の横顔に思える。そして、白い部分は背景と化し、もはや杯の形は見えない。そう思ううちに今度はまた白い杯が見え、黒い部分は背景と化し形を失う。このように、見ているうちにその見え方が「杯と人の横顔」とに反転する。

このような図形を用いてルビン（Rubin, 1921）は、われわれの知覚対象が、浮き上がり形として見える部分（「図」）と背景に沈み一様に広がって見える部分（「地」）とに分化して構造化されていることを示した。われわれがなにか対象を認識している際には、必ず、「対象」すなわち「図」をなす部分と、その背景をなす「地」の部分とが存在しているのである。このことにより、われわれは「内容」を持った「シーン」を認識することができる。形だけの「シーン」は成立しえず、また背景だけであれば一様な等質空間でしかあり得ない。それゆえ、われわれが「絵画」を見るときには、こ

図15.1　ルビンの杯（Rubin, 1921より）

のような図・地の分化が前提条件となる。ところで、通常の絵画は見ているうちに見え方が反転するといったことは起こらない。図では、同じ部分が図となり、形として見えたかと思うと、今度は地となって背景に没し去るといった反転が見られた。これは、これらの両部分が図のなりやすさに関して伯仲した条件になっていたからで、通常はこのようなことはなく安定した対象の知覚が成立している。

今度は、図15・2を見てみよう。この絵は二通りの見え方をするであろうか。この絵は「セントヘレナのナポレオンの墓」と名付けられている。このような情報を与えられれば、左の二本の木の間の白い部分が腕組みをして立ったナポレオンの横姿に見えてくる。この絵になると、図になりやすさの条件が先ほどのような伯仲したものとなっておらず、圧倒的に木の黒い部分の方が優位となっている。「セントヘレナのナポレオンの墓」の情報が与えられない限り、ナポレオンの姿はなかなか見えないのである。

図 15.2 セントヘレナのナポレオンの墓

〔2〕 概念駆動型処理とデータ駆動型処理

図15・3を見てみよう。この図は，黒いブロックが点々としており，なんともわからない。しかし，「ダルマチア犬」という情報が与えられれば，即座に左方を向いた犬の姿が浮かび上がってくる。このようにしていったん犬が見えると，今度はつねに確固とした犬の姿が見え，犬を見ないことのほうが困難になる。犬の絵であるという知識が絵全体の解釈過程をスピードアップしている。リンゼイとノーマン（Lindsay & Norman, 1977）は，この種の情報処理過程を「概念駆動型処理（conceptually driven processing）」と呼んでいる。この処理は，そこになにが存在するという概念化から始まり，その後で確認のための事実を探す情報処理の方法であり，予期していた結果を生み出す方向に向けて処理メカニズムにバイアスを掛ける。このような概念化はそれまでの「文脈的情報」や「一般的知識」によ

図 15.3　ダルマチア犬（Lindsay & Norman, 1977 より）

り導かれることになる。「もの」の認知は、もちろん、概念駆動型の情報処理によってのみ成立しているのではない。外界から入ってくる入力信号としての刺激、すなわちデータに基づく処理も当然存在する。この処理は「データ駆動型処理（data driven processing）」と呼ばれている。一般的には、「もの」の認知には、「概念駆動型処理」と「データ駆動型処理」の両者が並行して行われ、両処理が全体過程に一定の貢献をする。

このように見てくると、前述のことは、「外界に存在するところの客観的には同じ対象物であっても、いかなる「基準」が用いられるかによって、われわれに認識される内容が違ってくる」という認識における相対的特性を異なった用語で説明していることにほかならない。なぜなら前述の「概念駆動型処理」で用いられる「概念」は本書でいう「基準」そのものと考えられるからである。すなわち、外界からの入力データは同じであっても（「外界に存在するところの客観的には同じ対象物であっても」）、概念化の内容が異なり、異なった「概念駆動型処理」が行われれば（「いかなる「基準」が用いられるかによって」）、異なった認識が成立する（「われわれに認識される内容が違ってくる」）のである。

〔3〕「タイトル」の効果

一般に、絵画における「タイトル」が、このような「概念駆動型処理」における「概念」すなわち「基準」の働きをすることが考えられよう。作者が「何を描こうとしているのか」を知ることが，その絵の見え方や絵から感じられる内容を左右することが考えられるのである。特に，抽象画の場合にはこの効果が大となる。タイトルがあることにより，たとえ抽象性の高い絵であっても，鑑賞者はなんらかのイメージを持って絵を見ることができ，それゆえに作者が表現しようとした内容の理解により近づきやすくなる。

このような絵画鑑賞に及ぼす「タイトル」の効果は，なにも絵画鑑賞に限られるものではない。いろいろなジャンルの芸術作品についていえるものであろう。例えば，中村（一九八三）の実験結果を見ると，音楽作品につけられた「タイトル」も同種の効果を持ち得る可能性が十分に考えられる。そのほかにも，舞踏とか生け花といったジャンルにおいても同種の「タイトル効果」を認めることができよう。一般に，この種の効果は，具象的作品より，抽象的作品において大きいことが推測される。具象的作品ではその内容の理解に十分なデータが，外界からインプットされる信号に存在している。したがって，結果として「データ駆動型処理」にその情報処理の多くを依存することになろう。しかし，抽象的作品においては，「データ駆動型処理」だけでは内容の理解に至る十分な情報処理の遂行はとうてい不可能であろう。それゆえ，「概念駆動型処理」の働きがそれだけウエートを増すことになろう。このとき用いられる概念の構成に際して，すなわち理解のための「基準」の構成に際して，作品に付けられた「タイトル」は大きな役割を演ずるのである。

〔4〕 絵画の全体を見るときと部分を見るとき

われわれが絵画を鑑賞するときには、絵画全体に注意を向けているのであろうか。それとも絵画の中に描かれたある特定の対象に注意を向けているのであろうか。おそらくは、時々刻々とそのときどきの関心のありように従った見方を採用しているのであろう。しかし、人によって、どちらかの見方に「ウエート」のかかった鑑賞態度をとることが考えられる。ここで問題となるのは、絵画全体にばかり注意が向いている鑑賞態度のもとでは絵画の中のある部分に描かれたものがわれわれの認識に入ってこない可能性があるということである。また、逆に絵画の中の部分にばかり注意が向いている鑑賞態度のもとでは、絵画全体から生み出される印象といったようなものがわれわれの認識に残りにくくなる可能性があるということである。「ことわざ」的表現にのせるのであれば、「森（絵画全体）を見て木（特定の対象）を見ない」タイプの鑑賞態度と、「木を見て森を見ない」タイプの鑑賞態度の存在である。絵画鑑賞に関するこの種の問題を直接に取り扱った研究を著者は知らない。そこで、以下においては、事態をもう少し単純化してとらえ、心理学の分野におけるローカルレベルとグローバルレベルの情報処理の問題に置き換えて若干の考察を試みることにしよう。

図15・4を見てほしい。この絵画は、小さな文字（仮名文字）の複合からなる大きな文字（アル

ファベット文字）という二階層の構造を有している。小さな仮名文字はこの画像の詳細な特徴であり、「ローカルレベル」を表現している。大きなアルファベット文字はローカルレベルにある対象の複合した全体の特徴であり、「グローバルレベル」を表現している。これら二つの構成レベルはたがいに拮抗し、一つの構成レベルでその本質を見ようとすると、同時的にもう一方のレベルで見ることは難しくなる。

　こういったローカルレベルとグローバルレベルという視点から刺激構成を調べる研究は、両レベルのいずれが先に処理されるのかということに注目しているものが多い。しかし、この順序はつねにどちらといったような単純なものではなく、刺激の視覚的特性がいかなるものになっているのかによって結果は異なってくる（Navon, 1977, 1981）。例えば、このような視覚的特性としては、イ

ああああああ
あ
あ
あああああ
あ
あ
あ
あ

小さな仮名文字「あ」はローカルレベルを表現しており，大きなアルファベット文字「F」はグローバルレベルを表現している。

図 15.4　ローカルレベルとグローバルレベルの情報処理（Venturino & Gagnon, 1992 に掲載された図にならって作成）

メージ性がどのようなものかとか、周囲からの目立ち加減や弁別性がどのようなものであるかとかいったこと（Hoffman, 1980 ; Kinchla, Solis-Macias, & Hoffman, 1983）とか、直前の処理がいずれのレベルのものであったのか（Ward, 1982）といったものまで、さまざまな要因が指摘されている。そこで「絵画鑑賞」という事態に関連させてこれらの要因を考えてみると、二つの点が検討すべき課題として注目される。一つは「イメージ性がどういうものか」という要因の働きである。なぜなら、絵画鑑賞ということからすれば、この要因はその本質にかかわるきわめて重要な要因と考えられるからである。この点については後にもう一度取り上げてみることにする。もう一つは、これまでに言及してきた諸研究が、二つのレベルを操作するのに文字などを材料としたきわめて「人工的な」刺激を用いているという点である。しかし、絵画鑑賞に置かれた本書の関心からすれば、こういったローカルレベルとグローバルレベルの情報処理の問題は、もっと複雑な、例えば具象画が取り上げるような日常生活事態における場面のような「自然な」画像についてどうなっているのかの吟味が求められよう。

後者の問題についてはベンチュリノら（Venturino & Gagnon, 1992）の研究が参考となる。彼らは、人工的刺激を用いて従来の研究が見いだしてきた「ローカルレベルの情報処理とグローバルレベルの情報処理との間に見られるトレードオフの関係」が、そのままの形で一般性をもって「自然な」画像の場合にも成り立つのかどうかを吟味している。彼らは、詳細は省略するが、じつに巧みな手段によって「自然な」画像に対する両レベルの注意の焦点化を操作した。結果は，複雑で情報量の多い「自然な」画像に対しても，前述の「トレードオフの関係」は十分に成立していることを示すものであった。このことは，十分な絵画鑑賞を実現するためには両レベルの処理をバランスよく進めることが必要条件となることを意味している。そしてこの「両レベルの処理の『バランス』」を適切に行うということは，他方で，「両レベルの処理結果の『統合』」を適切に行うことが必要不可欠な前提条件となるのである。この種の内容は，ここで取り上げられている絵画のみならず，さまざまな美術的オブジェや建築物，風景等の「鑑賞」において該当することにとどまらず，これらを「製作」する際にも当てはまる一般的原理である。

〔5〕 人は「イメージ」により絵画を見る

この問題に関しては，樋口（一九七九）の研究が参考になる。そこで，以下において彼の行ったじつに興味深い実験について簡単に紹介することにする。このことが，表題の内容の理解を十分に助けると考えるからである。

彼は，黄不動（園城寺三井寺所蔵の国宝絹本着色不動明王像）と不動（曼殊院蔵の不動尊絵像）という平安時代の二つの図像の写真やスライドを用いて，両者の絵画のどこが違うのかを四三人の大学生に問うている。樋口は黄不動の実物の図像は見たことがなかったが，写真や不動の図像（こちらは実物を見ている）を見た体験や智證大師の記述（大師は金色の不動明王が現れたときの威容を「魁偉奇妙にして威光熾盛なり。手には刀剣をとり、足は虚空を踏む」と述べている）を通じて、彼なりの「イメージ」を成立させていた。しかし、あるとき、秘像である黄不動の実物の図像を、思いがけなく拝観できるチャンスに恵まれた。しかし、そこで拝観した黄不動の尊像は彼の年来抱いていたイメージを根底から打ち砕いたという。彼はいう。「写真と実物との間には絶対的な差異があった。なによりも目立つのは、護摩の煙の中に荘厳された黄不動の金色燦爛《さんらん》とした肢体と妖気を放って眩耀《げんよう》する両眼とである。たくましい筋肉と骨格とをもった雄渾な金色の巨体が実在の根源のように画中に現じている。そして、その両眼は、金箔を張ったためにかくも妖しく輝くと聞かされていたが、そういう無機的な金属質の光とは到底見えない生きた燐光を放っていた。（中略）わたくしは、一瞬、俗世界を離脱し、『足は虚空を踏む』黄不動の実在を痛感したのであった」（樋口、一九七九）。

この実感が彼に前述の小実験を思いつかせたという。黄不動と不動とを比較した際に、空中に出現したといわれる黄不動の威容が被験者の大学生たちによってはたして感じ取られるであろうかというわけである。もし感得されるのであれば、黄不動が「虚空を踏んでいる」のに対し、不動はいわゆる「不動岩の上に屹立《きつりつ》している」という事実の違いに気が付くはずだと期待したのである。これらの図像の比較は五分間の注視時間のもとでなされたが、結果は彼の期待を裏切るものであった。四三人の被験者のうち，装飾品や筋肉状態の差異に気付いたものは若干はいたが，だれ一人として黄不動が空中に浮かび，不動が岩の上に立っていた違いを指摘したものはいなかった。三分を経過したころに，「黄不動は智證大師が入唐を前にして石龕《せきがん》中で修行していたさい，虚空に出現した金人《きんじん》の姿を描いたものである。金人は，みずから不動明王であると名乗って大師の入唐のさいの守護を約束した。大師が拝し熟視すると，見るもすさまじい威光に輝いており，手には刀剣をとり，足は虚空を踏んでいたという」との説明の言葉を再度あるいは三度述べたのにもかかわらず，先の結果となったのである。彼らはいったいなにを見ていたのであろうか。

樋口（一九七九）は，さらに，鈴木春信の「縁先美人」という浮世絵と，司馬江漢がその贋絵として描いた「楼上縁先美人」という錦絵を用いて同様の実験を行っている。江漢の作では，背景となる縁先，天井，座敷等に，そのころまでの画家の間では必ずしも意識的には用いられなかったという「遠近法」が駆使されている。他方，春信の作では，廊下の描き方には，むしろ「逆遠近法」が用いられ，虚構性の強い平面的な構成となっている。江漢と春信がそれぞれ描いた同一題材の絵の中に，このような違いを被験者の大学生たちは見いだし得るのであろうか。この場合にも，結果は樋口の期待を裏切るものであった。その差異に気付いた者は，先述の四三人の被験者中ただの一人もいなかったのである。

樋口のこれらの実験結果は，われわれが「ものを見る」ときに，いかに「イメージ」が重要であるかを示している。彼の被験者は、彼のいうように、「イメージを持たないときは、彼らにはなにも見えないのである」。

このように絵画を鑑賞する場合、具象画、抽象画の区別を問わず「イメージ」が大きな働きをすることは十分に了解できることである。この「イメージ」の内容が異なってくれば、同じ絵画であっても、その絵の中に「見る内容」や、その絵を「理解する内容」や、あるいはその絵から受ける「感動の内容」は異なったものとなろう。そうであれば、この種の「イメージ」が一体どのようにして生み出されるのかという問題がつぎに検討されるべき重要な課題となる。それこそ、これまでの人生経験より育まれた鑑賞者自身の「感性」とか蓄積された「知識」といったようなレベルのものから、先に言及されたその絵画に付された「タイトル」のようなレベルのものまで、さまざまな要因がかかわってくるものと推測される。今後はこれらの諸要因についての詳細な研究が求められよう。

第16章

人間とエラー

〔1〕 ハードウェア上のエラーとソフトウェア上のエラー

非常ブレーキを戻し忘れることによる列車暴走とか、肺を手術する予定の患者が間違えられて別の手術室に運ばれ肝臓を切り取られる事故とか、点検ミスによる原発の事故とか、運転ミスによる車の事故とかいったように、「ヒューマンエラー（人間のエラー）」が引き金となって生起した事故の例を数多く見受ける。ヒューマンエラーを主原因とする事故の割合は、航空機や船舶や発電所の場合にはじつに七割から九割に及ぶという（表16・1）。

人間がなにか（例えば、航空機の操縦装置）を操作し、所定の目的（例えば、安全に目的地まで飛行する）を達する事態を考える際に問題となる事柄は、ハードウェア上のものとソフトウェア上のものとに分けて考えることができる。事故の主原因がハードウェアに存在するようなケースは、今後の科学技術の発展に伴って減少していくことが予測される。例えば、金属の強度が十分でないことから起こった事故であれば、より大きな強度の金属が開発されれば、おのずとそのことによる事故は減少することになる。この場合には、ヒューマンエラーという考えはかかわってこない。他方、ソフトウェアの場合には、その多くが、「人間の行為」を内包することから、ソフトウェアに起因する事故は、ヒューマンエラーの問題に密接にかかわってくる。

しかし、一見ハードウェア上の問題に見える事故にも、ヒューマンエラーの問題が深くかかわっ

表16.1　ヒューマンエラーに起因する事故の比率
（井上・高見　1988より）

分　野	ヒューマンエラーに起因する事故の比率	発表者（年）
構造物事故	90%以上 78%（800件） 66%（287件）	Allen（1975） Hauser（1979） 前田（1983）
ロボット事故	45%（18件）	杉本（1979）
化学プラント事故	60%以上	林（1979） 大島（1980）
石油化学コンビナート火災爆発	45～65%（483件）	高圧ガス保安協会 保安情報センター （1978～1982）
危険物工場火災	50%（1 270件）	上原（1985）
製造業事故	40%以上	労働省安全年鑑（1984）
航空機事故	70～80%	笠松（1979） 黒田（1979）
航空機・船舶発電所事故	70～90%	Rubinstein（1979） Danaher（1980） Billings（1981）
医療事故	80%以上（16件）	古幡（1980）
自動車事故	90%以上	橋本（1979）

ている場合もある。例えば、ねじのゆるみによって機器の配置にズレが生じたことから、なんらかの事故が起こったとしよう。ねじ穴の精度の悪さに原因があるのであれば、ハードウェア上の問題と考えられる。しかし、このようなねじの生産が品質管理上のテクニックのまずさにより起こっているのであれば、ソフトウェア上の問題ともいえる。さらには、ねじの取り付けられた機器に伝わる運転振動にそのおもな責任があるのであれば、設計上のヒューマンエラーとも考えられる。

また、逆に、一見ソフトウェア上のヒューマンエラーの問題に見える事故にも、ハードウェア上の問題が深くかかわっている場合もある。例えば、ディスプレイ画面のモニター作業に従事する者の疲労に起因して、なんらかの読み取り「ミス」が生じ、事故が生起したとしよう。読み取りの「ミス」に直接の原因があるのであるから、まさにヒューマンエラーの問題といえる。しかし、よくよく検討してみると、モニター画面が不必要に大きいことが疲労の直接因となっているとしたらどうであろうか。この場合には、ハードウェア上の問題とも考えられるのである。

いずれにしても、「人間」が環境（例えば、航空機のコックピット）から必要な情報（例えば、計器の指示内容）を取り出してこれを認知し、必要な行為（例えば、操縦桿の操作）を遂行していく一連の「認知とパフォーマンス」のプロセスは、人間の営みの中でも重要な位置を占めている。前述の例の航空機の操縦から自転車に乗ること、パソコンの操作等々、このプロセスにかかわる営みは枚挙にいとまがない。このとき、ハードウェアとしての機械がかかわるのは、「認知」の対象となるものとパフォーマンスの対象となるものと考えられる。いま，なんらかの事故が起こったとしよう。この事故の原因が機械の側に問題があるのか，人間の側に問題があるのかの判定はじつに難しいものがある。なぜなら，機械そのものとしては完璧なものであっても，これを操作する人間にとっては扱いにくいものであるようなケースを考えてみればよい。このときに生起したエラーは，機械の責任に帰すべきなのか，人間の操作に帰すべきなのかは定かではない。機械の性能とこの機械を操作することに求められる人間の技能とは，トレードオフの関係にある。注意すべきは，人間の側の技能に過負担が強いられるケースである。また，人間の意識や注意の安全性はそう強固なものとはいえないという点である。

このように考えてくると，すべての事故は，程度の違いはあれ，すべて，「ヒューマンファクター（人間要因）」とのかかわりを持つといっても過言ではない。特に，事故発生後の「適切な」対応の有無をも含めて考えるのであれば，なおさらのことである。

〔2〕「ヒューマンエラー」の問題は「認知とパフォーマンス」の問題と同じ

「ヒューマンエラー」の問題は，この現象にかかわる「プロセス」に視点を転ずるならば，「認知とパフォーマンス」の問題と言い換えることができる。

伝統的には認知の問題は，感覚，知覚，記憶，思考といった諸領域で，また，パフォーマンスの問題は学習の領域で研究されてきた。

その後、認知の問題の取扱いは、これらの諸領域を統合するような形で一九六〇年代に「認知心理学」という研究視座が生み出されてきている。

他方、学習の領域は一九四〇〜一九五〇年代に盛んに研究されていたが、一九六〇年代に入ると衰退し始めた。その理由は大きく三つ考えられる。

① 「手動制御」に取って代わり「自動制御」がはやり出し、そのあおりで運動技能とか動作といったようなパフォーマンスの研究への関心が薄れた。

② ハル（Hull）らが主張した一般性を持った「学習理論」が死滅し始めたので、パフォーマンスの問題を取り扱う際に依存するメジャーな理論がなくなり、結果として衰退した。

③ 一九六〇年代に入ると、「認知心理学」が台頭した。「認知心理学」は注意とか記憶とかその他諸々の高次な精神過程にその関心を置く。他方、「行動主義」はこれらの諸過程はブラックボックス内の事柄として手つかずに残した。それゆえ「認知心理学」は「行動主義」を拒否した。ところが、「行動主義」の理論は、ワトソン（Watson）、ハル（Hull）、トールマン（Tolman）、ガスリー（Guthrie）に見られるように、すべて「学習」の理論であった。結果として、「学習」（パフォーマンス）への関心も一緒に葬り去られてしまった。

しかし、最近は、パフォーマンスの問題が再び関心を呼んでいる。その理由は大きく三つ考えられる。一つは理論的必要性であり，残りの二つは実際的必要性に基づく。つぎにこれを記す。

①「認知心理学」自身がパフォーマンスの重大さに気付き始めた。例えば，人の技能獲得における「宣言的知識」と「手続き的知識」の問題や，行為の遂行における「熟達化」の問題などへの関心が高まった。

② 原子力発電所，工場，航空機，列車，自動車など，もろもろの実際場面における運転ないし操縦における技術の獲得と事故防止への関心が高まった。

③ スポーツ領域において運動技能獲得への関心が高まった。

このうち，① の内容は，②，③ における諸問題への接近において，その背景を形成している重要な要因といえよう。

〔3〕 認知とパフォーマンスは二分法的存在物か？

一般に哲学の世界においては，行為は認識の下位にあり，認識ほど重要ではないと考えられる風潮がある。また，認識と行為は別々の研究領域を構成しているとみなされている。心理学においても，前述のように，伝統的には，両者は異なる研究領域を形成し，知覚理論は行為とは関係なく構築されてきたと思われる。ところが，実際にわれわれ人間が行う行為であるパフォーマンスと，行為の誘導に必要な情報の抽出過程である認知とは密接な関係にあり，両者は不可分だと考えられる。すなわち、認知とパフォーマンスは、同一個体における活動であることからして、表裏一体というか、二分法的にとらえられない面があるのである。このことを示す具体例を三つ選んで、以下に示しておく。

(a) 認知そのものの中にパフォーマンスを誘発させる力が内在している

例えば、歴史的にいえばレビン(Lewin)の「誘意性(valence)」の概念は、対象物の認知によって生起する人の側の接近、回避のパフォーマンスに基づいて逆定義されたものである。また、近年のギブソン(Gibson)流の「生態学的知覚理論」もここの該当例となる考え方であろう。

ギブソンの生態学的知覚理論では、環境の中にあるものが人の「行動」をアフォードする働き(「アフォーダンス」と名付けられている)の存在を指摘している。例えば、長椅子を見るとき、われわれは単に物としての長椅子を認知するのではなく、そこに座ることができるという「意味」を認知している。もちろん、ある対象が一つのアフォーダンスしか持っていないということではなく、いくつかのリストを持っていることもある。長椅子の場合であれば、そこへ座るだけでなく、横たわることや踏み台にすることなどをアフォードする。しかしながら、これらのリストがつねに検出されるわけではない。横たわることが可能であるためには、われわれの身体が長椅子に対して十分に小さくなければならない。踏み台にすることが可能なためには、われわれの脚の長さが長椅子の高さに対して十分なものになっていなければならない。つまり、アフォーダンスの検出には

「身体」スケールが関与し、またどのアフォーダンスが検出されるかは、そのときわれわれがいかなる合目的的行為（すなわちパフォーマンス）を発現しようとしているかに依存している。このように、認知とパフォーマンスは、ギブソンの生態学的知覚理論では不可分の関係にある。

(b)　認知と運動は分離的というより連合的な様相を呈する場合がある

例えば、キャッチングにおける「つかみ運動」を調べてみる。振り子の先に大きさを変化できる風船状のボールを取り付け、ボールが近づいてくるときの「つかみ」運動を撮影・解析する。そのとき、以下の二条件を設ける。

①　視覚的拡大率が自然な場合
（運動中のボールの大きさは一定）

②　視覚的拡大率が不自然な場合
（運動中のボールの大きさが縮む）

①についてはいうまでもなく、②のサイズ可変のボールについても（その大きさが変化していると気付いていないにもかかわらず）、サイズの変化に合わせた、適切な大きさに五指を湾曲させるなどのボールをつかむための微妙な「つかみ運動」の調節が行われている（Savelsbergh, Whiting, & Bootsma, 1991）。

(c) 発達の初期においては，認知の成立に際してパフォーマンスの媒介がある

例えば，開眼手術を受けた人の形の知覚の成立過程において輪郭線に沿った触運動や眼球運動の媒介が認められる。あるいは，ビゴツキー（Vygotsky）は思考の起源に「内言」を想定している。

〔4〕 ヒューマンエラーの研究はヒューマンファクターの学を確立することに通じる

「エラー」という言葉は，なんらかの目的が存在し，人間の反応がそこから「ずれている」という意味が込められている。すなわち，課題遂行の「成績」という価値的視点に立った表現である。この「価値的」ウエートを取り除いてみれば，「エラー」はもはや「特別な反応」ではなく，人間における諸変数がある設定内容になったときに出現すべくして出現した「自然な反応」ということになる。言い換えれば，ヒューマンエラーを研究することはなにか特別な問題を研究することを意味するのではなく，学問的一般性を有する「ヒューマンファクターの学」を確立することを意味するのである。

当初のヒューマンファクターの学は「熟練技術」の獲得というものに関心を抱いたものであった。そのために作業の時間や動作や志気（モラル）といった要因についての研究が多かった。つぎの時期になると効率化やエラーの防止といったものに関心が移り，作業や機器のデザインに関係した諸要因についての研究が多くなされるようになった。ここでは，特に人間と機械の間の良好な関係を目指すマンマシンシステムの開発というものが目指された。

最近では，コンピュータ化が一般的となった作業環境の変化を受けて，人とコンピュータとの間の良好な関係を目指す「ヒューマンコンピュータインタラクション」（human-computer interaction）とでも表現できるような研究分野が台頭してきている。ここでは，コンピュータがらみの「情報技術」をめぐるさまざまなヒューマンファクターが研究対象となる。そのための切り込み口として，認知科学や認知心理学といったものに研究者の熱い目が向いている。

一般的にいえば，今後のヒューマンファクターの学は多面的なアプローチがなされるべきである。すなわち，「ヒューマンファクター」と一言でいっても，「人間の要因」にはさまざまなレベルのものが考えられるからである。例えば，生物学的，生理学的，医学的，工学的，等々のレベルのものもあれば，心理学的，教育学的，社会学的，哲学的，等々のレベルのものもあろう。大事なことは，これらの単一の分野だけからのアプローチではヒューマンファクターの全体像を把握することができず，そのことはさまざまな具体的な問題の解決に対し自ら限界を設けてしまうことになるという点である。

このことは，今後のヒューマンファクターの学は「総合学」としての「人間科学」の立場と重なり合った学問的営みを歩むことにより，その内容をますます充実させ，さらなる進歩・発展を遂げていく可能性があることを示唆しているように思われる。

第17章

映像の認知に見られる人間の情報処理

〔1〕 人間と映像のかかわり

高度情報化社会におけるさまざまなメディアの利用を考えるに当たり、従来用いられてきたプリントメディア等に代わって、視聴覚メディア、特に映像（動画像）がますます重要な情報源になってきている。しかし、映像メディアと人間のかかわりを実証的な見地から探っていく試みは、実験刺激や実験状況を統制することの困難さにより、非常に限られた範囲でしか行われてこなかった。そのような状況の中で、特に最近のわれわれの情報環境を考えると、学習場面における映像メディアの役割とその情報の認識・処理について、実験心理学的な手法を用いた基礎的研究を行うことの重要性と緊急性とが増してきている。

映像とそれを見る者とのかかわりを探っていく研究には、大きく基礎的研究と実践的研究に分けることができる。

基礎的研究とは、人間の視覚情報処理特性そのものに関する研究である。これらの研究は、必ずしも映像の実践的利用を念頭においたものではないが、実践場面における知見を説明する有益な例証、あるいは仮説・枠組み等を提供してくれる。

他方、実践的研究とは、学習場面等における学習者の課題達成や知識取得の向上を目的とした映像の利用、およびその際の映像の役割や効果を検証する研究と位置付けられる。

実践的研究においてこれまで主流であったのは、映像、特にイラスト等を併用提示することによる、概念理解（教科理解）の促進効果の検証にあった（Levie & Lentz, 1982）。しかしながら、このような効果は、理解すべき内容と映像との間にある、なんらかの構造的・意味的リンクのみに基づいて説明されることが多く、主体としての見るものの特性が考慮されることはなかった。しかも、この種の研究では、映像に対して概念理解のための付加的・補完的役割しか与えておらず（梅沢、一九九一）、映像自身を主とした研究が行われていない。

これに対し、最近は、学習場面で利用される映像そのものの理解、すなわち、映像が視聴者に「どのように見られているのか」という視点に立った研究の必要性が認識されてきている（北條、一九九一）「映像がどのように見られているか」ということは、「外界の刺激に対する人間の一般的な視覚行動（visual behavior）がいかなるものであるのか」という基礎的問題に還元できるだろう。この人間の視覚行動を見る上で有効な一つの指標は、視覚的な刺激を観察する際の眼球運動を測定することである。

〔2〕　映像を見るときの眼球運動

伊藤は一連の研究において（伊藤、一九九〇；Ito, 1991, 1993）テレビ番組視聴中の眼球運動を測定し、その眼球運動パターンの一般的特性を取り出している。例えば、視聴者が映像内の動きのある対象に注視しやすく，また「カメラの眼の動き」によく対応して見るという傾向がある。また，別の実験（中島・井上，一九九三）においても，ズーミングやショットの切り替えといった，映像独自の動きや変化のある操作に対応した眼球運動パターンがあることを見いだしている。

これらの知見から，映像視聴中の眼球運動は映像の動きの要因に誘導されやすいことが示唆される。このことは，同時に，映像視聴中の眼球運動パターンが静止画の観察と比べて一般に個人差が少ない（Ito, 1988a, b, 1991, 1993；伊藤，一九九〇）という知見からも説明される。

また，動画像と同時に提示される文字（キャプション，サブタイトル等）も注視されやすい（Ito, 1991, 1993）。動画像刺激と文字情報を同時に提示すると，ほとんどの場合，視聴者はまず文字を注視し，その示す対象を求めるべく注視点を画像内に移動させる。中島・太田・井上（一九九〇）は，番組の主題と関係のない情報を文字情報として提示すると被験者はその情報の対象に注視点を向けるため，主題内容の記憶成績が下がることを見いだしている。このことは，映像中の文字が見られやすく，しかも映像の見方に文字（言語）情報内容が影響することを示唆している。

また，ディドワレとギーレン（d'Ydewalle & Gielen, 1992）らは，映像視聴中に

① 他言語音声に対する自国語翻訳文を提示する条件

② 自国語の音声と同一の自国語文字を提示する条件

とを設定し，その視覚行動を比較した。② の条件では文字と等価の音声が提示されている以上，

画像情報から文字に注意をシフトさせることは画像情報獲得のためには大きなロスとなるはずである。しかし、結果は、どちらの条件においても少なくとも視聴時間全体の三分の一以上にわたって必ず文字情報が注視されるという結果が得られた。このことから、映像に付加された文字は本質的に視聴者に注視されやすい情報であることが示唆される。

〔3〕 マルチメディアの中の眼球運動

以上の例を見てもわかるように、映像視聴中の眼球運動は映像に含まれるさまざまな情報の影響を受けて変化する。しかしながら、視覚行動は外界の刺激に対する単純な受動的反応であるだけではない。

例えば、ディドワレとギーレンは、番組の性質の違いが文字情報の読まれやすさに影響するかどうかという実験を行ったところ、映画に比べてニュース番組のほうが文字に注視を移動させる反応潜時が短く、しかも、長い時間、文字を読んでいることを見いだした。

ニュース番組は大量かつたがいに脈略のないいくつかの主題を、速いペースで視聴者に伝えるという役割がある。視聴者は、情報の変化が目まぐるしいニュース番組を理解するために、イメージよりも詳細かつ効率的に概念情報を提供してくれる言語情報により多く注意しなければならない。しかも、文字は音声よりも速く言語情報を獲得でき、理解のチェックや修正のための読返しも可能である。映像内の文字に視聴者の注意が向けられてしまうのは、文字を見るということがニュース番組全体の理解にとって本質的に効率的かつ必要な行動であるからだろう。

また、彼らは、テレビで翻訳文字情報等を提示する習慣のない米国の視聴者でも文字情報を注視する偏向性があることから、つぎのように述べている。「映像内の文字が読まれやすいのは、必ずしも単なる習慣による自動的な行動なのではなく、前述したような文字を見ることの効率性に基づいた視聴者の意図的行動特性である」と。

〔4〕 人間は能動的に「見て」いる

中島・井上（一九九三）の研究でも、先述の映像操作に対する眼球運動のパターンが、映像操作のみならず被験者の番組理解の度合いと密接に関係していることを示唆した。

例えば、番組のショットの切り替えにおいて、オーバーラップ（前の画面がだんだんと薄くなって消えていくのに重なって、新しい画面がだんだんと濃くなって出現し、画面の交換が行われる）という手法を用いると前後のショットは異なるものであるにもかかわらず、視聴者の視覚行動は一続きの映像を見ているような、長い注視による安定したパターンを見せる。ただし、それは音声情報が付加されていた場合であって、音声情報がない場合は、通常のショット転換と同じように短い時間の注視によって映像全体を走査し、新たな情報探索を行うというパターンをとっていた。このことは、視覚行動が映像の性質のみによって決定されるのではなく、映像を含む情報全体を視聴者がどのように理解しているのか（あるいは理解しようとしているのか）によって決定されているということを示している。

これらのことから、人間の視覚行動は

① 外界からの情報に対する受動的な処理を反映しているのではない

② 外界の情報と人間の側の処理との相互作用を反映した積極的かつ選択的な行動である

と位置付けられる（Yarbus, 1967）。

視覚行動には人間の理解様式や理解能力・制限といった認知的処理、あるいはその特性も反映される。よって「映像がどのように見られているのか」という問いは必然的に、映像を見ることが「見る者のいかなる処理特性とかかわっているのか」という問いとも結び付いている。

〔5〕 情報提示のタイミングの問題

例えば、冗長な文字情報の付加、およびショットの切り替えによる突然の視点変換といった映像の操作が映像情報を獲得する際の認知的負荷となって見る者の心的余裕の程度を減少させることが考えられる。その結果、映像により提示している課題の遂行に必要な記憶の体制化が十分にできなくなるのである。特に動画像の場合は、静止画と比べ情報獲得のための時間的余裕がなくなるた

め、このような影響はより大きくなるものと考えられる。もちろん、前述のことからただちに

① 文字情報を動画像に付加すること

② 映像の視点を突然切り替えること

が、映像から学習させる上で不必要かつ有害な操作であると結論付けるわけではない。例えば、文字情報の効果的な提示が、ある種の学習課題の理解を促進することは経験的にも知られており（Braverman, Harrison, Bowker, & Herzog, 1981; Herzog, Stinson, & Keiffer, 1989）、要は「文字情報の提示量・タイミングといった要因が課題学習といかに適合しているか」ということが問題なのである（Baggett, 1984; d'Ydwalle & Gielen, 1992）。

また視点の転換、すなわちショットの切り替えという技法は、これまでにも変化のある面白い映像を作るために多用されており、視聴者もそれを享受してきた。このとき、大事なことは、われわれがこの種の操作を無理なく理解できるために必要な諸条件を明らかにすることである。この諸条件は、いかなる情報をいかなる提示様式の下に取り扱うのかといった課題や刺激の性質に依存した条件のみならず、人間の処理容量にさまざまな限界があるという「理解する主体としての人間の処理特性」に依存した条件もあることを忘れてはならない。

このことから、例えば、つぎにくるショットの切り替えが、先行する情報との関係の中で、映像の文脈・主題・目標等と適合するような十分に意味のあるものとしてあらかじめ位置付けられ得る

ならば、この切り替えは必ずしも被験者の映像理解に負担を掛けるものとはならないといったことが推測される。この類のものとして、例えば、「オーバーラップ」という特殊なショットの切り替えについていえば、二つのショットの等質性や音声といった映像に意味を与える情報の存在によって、この映像操作を視聴者が十分に理解していると思われる視覚行動が期待できるのである。

今後の実証的研究の課題として、これまで映像製作者の経験則だけで対処されてきた効果的映像とはなにかということを、どちらかといえば研究視点として手薄であった人間の特性の側に立った視点で検証していくことが求められるであろう。

〔6〕 視聴者への働き掛けの必要性

学習場面で映像を利用するためには、効果的映像を作り出すだけではなく、映像を理解する側の人間に積極的に働き掛けることも必要である。例えば、中島・井上（一九九四）が行った「折紙課題」の実験において、アニメーション画像と文字情報とが同時に与えられる条件に参加した被験者の中に、「文字を見ないでアニメーションだけを見るようにした」と答えた者があった。その理由は、彼らの内観報告によれば、「紙を折るためには文字を見ない方がよいと判断した」「文字を見る暇がない」ということであった。そして彼らの課題遂行時間は、アニメーション画像と文字情報とが同時に与えられる条件全体の平均課題遂行時間よりも短かった。これらの被験者にとっては、文字を見ないことがむしろ与えられた課題を理解しやすいわけであるから，これらの被験者はむしろ課題に適合した映像の見方（方略）を積極的に用いたといえる。この種の行動は，情報を処理するに際し，自己の認知能力をモニターし，適切な方略を採用していく働きであるから，まさに「メタ認知能力」そのものといえよう。すなわち，文字を見ることが自分の処理能力を超えてしまうとわかれば，ただちにその限界を克服するために効率的な対処をしようという行動がとれる者もいるわけである。

生まれたときから映像に長く慣れてきた人々には，映像の「見方」というものが備わってくるのであろうか。ここで挙げた事例は，自分の理解能力を判断して映像の見方を決定できるような方法を与えていく能力（映像認知に関する「メタ認知能力」）すなわち「映像メディアに対するかかわり方」の能力が重要であることを示唆している。

本当の意味の「情報処理能力」もしくは「情報処理リテラシー」というものは，情報処理機器操作能力よりは，むしろ先に言及した類の「メタ認知能力」を考えるべきではなかろうか。

〔7〕 マルチメディア学習事態下の映像

近年は映像といっても，従来の映画やテレビに代わりインターネットによるパソコンや携帯電話上の映像の利用が目立って増えてきている。そのような事態において多くの研究者の関心を呼んでいるのが、「画像」と「文字」と「音声」という三種類の次元を異にする情報提示条件から生ずる問題である。すなわち、「マルチメディア」事態における人間（視聴者）側の情報処理の問題である。特に、最近の生涯学習や遠隔地教育といった学習機会の拡張化や個別化の要請に対処していくためには、インターネットを用いた「マルチメディア学習事態」に関するハード・ソフト両面にわたる研究が必要不可欠である。しかしながら、例えばソフト開発一つをとってみても、この種の学習システムを具体的に設計する学問的営みの場において、有効な諸知見を提供し得る「基礎的研究」というものは、著者の知る限り、あまり多いようには思われない。その中で、認知心理学の領域における「ワーキングメモリモデル」（Baddeley, 1986, 1992）や「二重符号化理論」（Pavio, 1971, 1986）や「処理資源理論」（Wickens, 1980, 1984, 2002）を統合したような「二重処理理論」（Mayer & Moreno, 1998; Mayer & Sims, 1994）と呼ばれる「知識獲得（knowledge acquisition）」に関するモデル構築の試みは、数少ない「基礎的研究」の一例であろう。これらの諸理論についてさらに詳述することは本書の守備範囲を超えるので、ここでは関連するブリュンケンら（Brünken, Steinbacher, Plass, & Leutner, 2002）の代表的研究の一つを選択し、これにつき若干触れるにとどめたい。

最近、ブリュンケンらはメイヤー（Mayer）らの理論に基づき、同一の学習材料に関し、①言語情報は聴覚的に音声提示し、画像情報は視覚的にディスプレイ提示した場合と、②言語情報と画像情報の両者とも視覚的にディスプレイ提示した場合とで用いられる認知資源が異なるのか（「認知的負荷」の程度が異なるのか）を「二重課題法（dual task method）」により直接的に測定・検証してみせた。「二重課題法」とは二つの課題の同時的遂行を求めるものであり，実験心理学の領域では人間の認知過程を検討するツールとしてその有効性が広く認識されている方法である。しかしながら，著者の知る限り，マルチメディア学習事態への適用はきわめて珍しいといえる。

ブリュンケンらの用いた二重課題では第一課題として映像ディスプレイ上の大きいフレーム（横二二センチメートル×縦一六センチメートル）の中に提示された学習教材からの「知識獲得」が課された。第二課題としては，映像ディスプレイの上部中央に乗せられた小さいフレーム（横三センチメートル×縦三・五センチメートル）の中に提示されたアルファベット文字「A」の色の変化をできるだけ速く検出することが課された。吟味条件としては，先に触れたように

① 学習教材のテキスト文章のほうは音声により聴覚的に提示され，関連図のほうはディスプレイ上に視覚的に提示される場合

② テキスト文章も関連図も両者ともディスプレイ上に視覚的に提示される場合

という，第一課題を操作した二条件であった。実験は，この第一課題における二条件の間で，「知識獲得」の効率性に差が見られるかどうかを第二課題の遂行成績（反応時間の大きさ）により検討するものであった。結果は，第一課題の提示が①聴覚-視覚条件になっているほうが②の視覚-

視覚条件のときよりも、第二課題の遂行に対して測定された反応時間が小さなものとなることを示すものであった。すなわち、前者の条件のほうが「認知的負荷」が小さく学習効率がよいことを示したのである。

前述したブリュンケンらの研究は興味深い知見を明らかにするとともに、「二重課題法」という実験パラダイムが映像を用いた学習事態における「認知資源」の使われ方の測定にきわめて有効であることをも併せて示している。このことはきわめて重要なことである。なぜなら、今後の映像研究が、これまで十分に満たされていたとはいいがたい「実証的」という評価を手に入れるために進むべき一つの道が示されているように思われるからである。

第18章

食情報と人間

〔1〕「食情報処理心理学」のタクソノミー

「食べる」行動というものは、日常あまりに何気なく、当たり前の行動として行われているがゆえに、学問の研究対象として意識されることが少なかった。それが研究対象として意識されたのは、その「日常性」からはずれたときであった。すなわち、拒食とか過食とかいったような様相を帯びたときであった。この傾向は、これまでもそうであったし、現在も続いているように思われる。しかしながら、「普通の人」が「普通に食べる食行動」をめぐる『情報』の認知」の問題が取り扱われてしかるべきであろう。このような考え方に基づいた心理学のことを、本書では便宜的に「食情報処理心理学」と名付けておく。

それでは、このような視点に立って、研究分野を分類するならどうなるであろうか。著者がパラパラと散見した研究論文が既存の「一般心理学」の関連分野にじつによく対応していたことは、驚きであった。表18・1にその一例を示す。

表 18.1　「食情報処理心理学」と「一般心理学」

食行動に見られる「情報処理心理学的」問題の例	典型的な「一般心理学」における関連分野
（1）食物の外観と食行動	感覚・知覚
（2）感情・情緒と食行動	感情・情緒
（3）摂食条件と食摂取量	動機付け
（4）食行動と象徴性	無意識的行動
（5）摂食に随伴する行動	学習
（6）他者と食行動	社会心理
（7）食情報と食行動	情報と行動
（8）摂食と作業遂行	産業心理
（9）環境と食行動	環境心理

「『食情報処理心理学』を構成する上で，必要かつ十分な分野はなにとなにか」といったことに頭を悩ませることは，あまり生産的とは思われないので，以下においては，「食行動の変容」にかかわりを持つ，もしくは持ちそうな情報処理心理学的もしくは認知心理学的要因について若干述べることにする。

〔2〕 断食は感覚的感性を減じさせる

ここでいう断食とは，例えば抗議行動として何日もの間，継続するような長期間のものではなく，せいぜい一日程度のものを指している。われわれの生活でいえば，朝起きて，朝食抜きで職場に出掛けるようなごく普通に生起する短期間の断食を意味している。

英語でいう breakfast は，break fast のことであり，「断食をこわす」ことを意味しよう。すなわち，夜の間続いたなにも食べない状態をやめることから，「朝食」の意味となったと思われる。朝食を抜くことは，この種の断食がまだ続いていることを意味しよう。

アリとアミール（Ali & Amir, 1989）は，ＶＦＦと呼ばれる現象を用いて，前述のような短期間における断食の効果を吟味している。

読者にとって，ＶＦＦとは聞き慣れない用語であろうから，簡単に説明しておこう。ＶＦＦとは Visual Flicker Fusion の頭文字をとったものであり，別に，ＣＦＦ（Critical Fusion Frequency）（臨界融合頻度）と呼ばれることもある。いま、点滅する視覚刺激を見つめているとしよう。点滅速度が遅ければ、明↓暗↓明↓暗…と交替しよう。さらに点滅速度を速くしていけば、明暗のチラツキが生じるであろう。さらに速くすれば、チラツキは融合してしまい定常光のような見え方になろう。このチラツキが融合する境界の点滅回数（サイクル）を指してVFFと呼んでいるのである。

私たちが日常用いている蛍光燈を見つめてみればよい。チラツキは感じられない。しかし、蛍光燈は、例えば、五〇サイクルの交流であれば、一秒間に一〇〇回の点滅をくり返しているのである。通常の白熱電球の場合は、熱による発光であるから、交流電圧がプラスの頂点からゼロ近辺になっても、発光は明から暗へと急速に切り換わらずゆっくりと移行する。そのうちにすぐマイナスの電圧が上がり始めるからまた明るさが上昇することになり、結果として、明暗のチラツキは生じにくくなっている。それに比べ、蛍光燈の場合は放電現象を利用しているので、電圧がプラスとマイナスの頂点に達したあたりでしか放電しない。それゆえ明暗の切り換わりは、白熱電球に比べればはるかに俊敏である。しかし、一秒間に一〇〇回というような速い点滅速度においては、私たちはチラツキを感じることはないので、定常光の働きをしているのである。

VFFは、例えば、長期間にわたる注意の持続や、観察の持続や、労働の持続といったような、人々に「疲労」を生じさせる作業の後に測定すると、低い値が得られると一般にいわれている。VFFの値が小さいということは、点滅がゆっくりであっても、光の点燈と消失が区別できないわけであるから、視覚上の感受性でいえば、感受性の低下を意味しよう。高いVFFの値は、光の点燈と消失が高速であっても両者の差を区別することができ、なかなかに融合しないということであるから、それだけ視覚的感受性が鋭いということになる。

アリとアミールの実験は、平均年齢が二三・二歳の大学生三〇人（男性と女性がそれぞれ一五人）について、それぞれ断食条件と非断食条件の両方につきVFFを測定したものである。断食条件では、被験者の大学生は、夕食を午後十時までにすませ、午後十一時を過ぎた後は、翌日の実験が終了するまで一切の飲み食いをせずに、がんばることが求められた。翌日は、午前十時から午前十一時までの間に実験室を訪れ、VFFの測定がなされた。他方、非断食条件のときは、朝起きて通常の朝食をとり、午前九時から午前十時までの間に実験室を訪れ、VFFの測定がなされた。被験者の大学生のおよそ半分が断食条件を先に非断食条件を後に行い、残りの者はその順序を逆に行った。両条件の間には一～二週間の期間が置かれた。

結果は、表18・2のようなものとなった。男性では、チラツキが消失し、融合が生じる臨界の点滅頻度が、非断食条件では毎秒三二・一四サイクルで

表 18.2　視覚における VFF（臨界融合頻度）の値（Ali & Amir, 1989 より）

（a）非断食条件

	平　均	標準偏差
男　性	32.14	2.78
女　性	34.50	2.78

（b）断食条件

	平　均	標準偏差
男　性	27.40	3.10
女　性	28.60	2.00

あったものが断食条件では二七・四〇サイクルと減少している。女性の場合でも三四・五〇サイクルから二八・六〇サイクルと減少している。このことは、男・女を問わず、「断食」がVFFを減少させること、すなわち視覚的感受性を減少させていることを示していよう。

「視覚的感受性」というものは、外界から視覚的「情報」をわれわれの「情報処理過程」に取り込む「入り口」の働きの良し悪しにかかわる指標である。もし、そもそも十分な情報が入手できなければ、その後の処理もなにもあったものではない。

われわれは、忙しさに紛れて、朝食を抜くことをきわめて気軽に行っている。車の運転のような、瞬時の視覚的判断を行う事態においては、視覚的感受性の低下は、極端な場合には、重大な事故にもつながりかねない。朝食は、昼間の活動のエネルギー源であるばかりでなく、視覚的感受性の維持にも必要なものである。朝食を抜くとろくなことが起こらない。

〔3〕 見ざる、嗅がざるが節食の近道

実際に食べることをしなくても、食物を単に見たり、その匂いを嗅ぐだけでも、節食行動が破れることがある。これらの刺激がボトムアップ的に機能し、トップダウン的に機能するはずであった「食行動をモニターしコントロールする『メタ認知』の働き」を上回ってしまったか、「適切に」働くことを妨害した結果と考えられる。

ロジャースとヒル（Rogers & Hill, 1989）は、大学生三七人（一八歳から二四歳）のボランティアを用いて、二つのグループを作った。それぞれのグループに属する学生は、実験者と個別に訪問の日時を約束し、一対一で実験は行われた。学生は、実験日には「普通の」昼食をとること、十二時半から二時の間にやってくること、訪問時において昼食後四十分を経過していないこと、昼食のときに一切のアルコールをとらないこと、が求められた。

二つのグループのうちの一つのグループは「実験群」であり、このグループに属する学生は、実験室に到着し、イスに腰掛け、女性の実験者からいろいろと説明を聞いた後、自分の食べたい食物について、例えばどれくらい食べたいかといったようないくつかの評定作業をするよう求められた。この評定作業をする際に、「食物のイメージを浮かべることや匂いを想起することをしやすくするために」という説明の下に、チーズとサラダをはさんだサンドイッチの実物とそのサンドイッチを描いた絵とが、学生の前に置かれたのである。被験者の学生は、食べてはいけないが匂いを嗅ぐことは許された。このようなサンドイッチの提示が五分間なされたのである。もう一つのグループは「統制群」であり、このグループに属する学生に対しては、サンドイッチの実物やその絵は提示されず、評定作業のみが課された。そして、もし時間が余れば、雑誌を読んだり（もちろん、食物に関係した記事のないものを用意してある）、実験者の女性と雑談をしたりして過ごした。

この実験のみそは、この後に続く、実験群と統制群の両者において共通に取られた手続きである。被験者の学生は前述の手続きの後に、別室に案内され、テーブルの前に座らされた。このテーブルの上には、水の入ったコップが一つと、それぞれ違った種類のビスケットが盛られた五つの大皿とが置かれていた。そして、これらの大皿にはAからEまでのアルファベット文字のラベルが付けられていた。ちなみに、五種類のビスケットを紹介しておくと、(1) ミルクチョコレートビスケット、(2) 甘いプレーンビスケット、(3) カスタードクリームビスケット、(4) ショウガ入りビスケット、(5) 塩味ビスケット（日本で売られているいわゆるクラッカーのことらしい）ということになる。これらのビスケットのグラム当りのエネルギー値はほぼ等しいものとなっている。被験者を集める際に、この実験は味覚の研究のためのものだといってあったので、そのことに話のつじつまを合わせるようにして、実験者はこれから行うべき作業について説明を行った。その説明の大要はつぎのようなものであった。それぞれの種類のビスケットを味見し、その味を所定の質問紙上に評定してほしい。これらの評定は正確であってほしいので、多少にかかわらず必要な量を味わってほしい。ビスケットはいくらでも用意できるので、評定作業が終了した後には、残った分を好きなだけ食べてほしい。全部で時間は十五分である。自分（実験者）が戻るまで部屋の中に一人でいてほしい。以上の説明を行った後に、被験者の学生は一人で部屋に取り残された。実際には、評定作業はどんなに注意深く行っても、五分から十分ですむものであった。実験者は十五分後に戻り、再び、被験者を第三番目の別室に案内し、そこで、節食度についての検査紙に答えることを求めた。

この検査は体重の変動や過食傾向等種々の内容について調べるもので、これらの検査項目の結果をまとめて、最終的に、その人の節食の度合をスコアの形で算出するものであった。ビスケットの盛られたそれぞれの大皿は、その重さを再計測され、食べたビスケットの量（グラム）が求められた。

結果は、図18・1に示されるようなものとなった。すなわち、図（a）のサンドイッチの提示がなかった統制群のほうでは、節食度のスコアが高くなるにつれ、どちらかといえばビスケットを食べる量が減少したのに対し、サンドイッチを目で見たり、匂いを嗅いだりした図（b）の実験群では、節食度のスコアが高くなるにつれて、ビスケットを食べる量は逆に増加する傾向が認められた。

この結果は、日ごろ節食に努めている人ほど、食行動に対する「メタ認知」的機能の「適切な」作動が困難になる場合があることを示している。

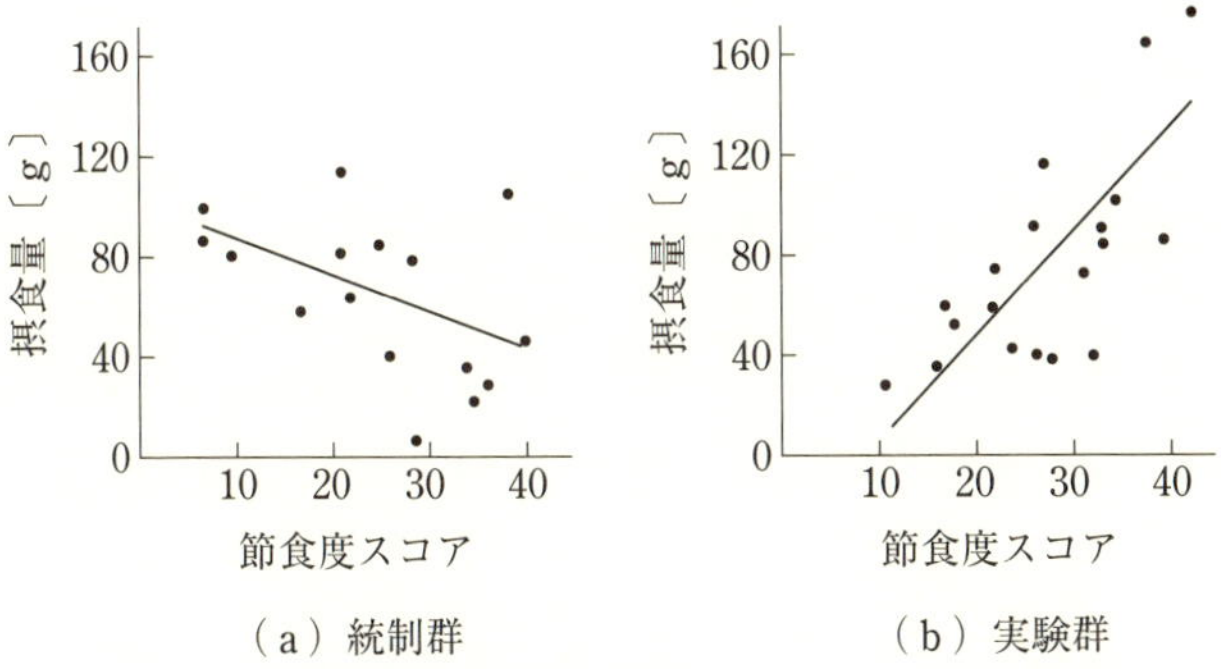

図 18.1　節食度と実験中に食べられたビスケットの重さ
（Rogers & Hill, 1989 より）

〔4〕食卓塩と穴のサイズ

近年、高血圧症など、さまざまな病気を予防するために、昔に比べると塩分をひかえめに摂取することへの関心が高まっている。一般のレストランの料理の中にも、このことを反映して、うす味に調理されているものも多い。

しかし、せっかく塩分を少なくした料理が出されても、食卓で卓上塩や醤油が加えられてしまえばなにもならない。料理を実際に食べる前に塩を振るということは、この種の加塩行動は、実際の「味覚」に基づいての行動ではなく、お皿に盛られた料理という視覚刺激や匂いという嗅覚刺激や食べる前の「状況」的刺激などがボトムアップ的に機能し、その人に内蔵されていた「おいしく食べるため」の一種の「スキル」が「自動的に」駆動された結果の行動と考えられる。

グリーンフィールドら（Greenfield, Maples, & Wills, 1983）によれば、出された料理を「実際に味わってから」、塩味を増すために卓上塩を用いた人は、彼らの観察した一〇〇〇人を超える卓上塩使用者のうち、なんと二五パーセントもいなかったという。七五パーセント以上の人々は、まず塩を振り掛けてからおもむろに食べ出したという。グリーンフィールドらの観察は、オーストラリアのシドニーでのものであるから、卓上塩を使用するような料理が西洋諸国に比べれば少ないとも思われる日本での食卓料理に対しても、同じく観察されるかどうかはわからない。しかし、西洋料理が一般化している今日、同様な傾向が認められるかもしれない。

グリーンフィールドらの行った実験は、この種の行動に対処するためには、食卓塩の容器の穴を小さくすることが、減塩にきわめて効果的であることを示している。

彼らは、大きなデパートの中にあるカフェテリア（セルフサービスの食堂）にやって来た五八六人のお客が、食卓塩をどの程度用いるのかを調べた。そのためにテーブルの上に、形は同じであるが穴の大きさが異なっている数種類の卓上塩の容器（穴は一つだけ開いている）をそれとなくあちこちに置いた。あらかじめその重さを量っておき、お客の食事がすむとその容器を回収し、再度重さを量ることにより、使用された塩の量（グラム）を求めた。図18・2は、用いられた容器の穴の大きさ（平方ミリメートル）ごとに、その容器を用いた人々の塩の平均使用量をプロットしたものである。容器の穴の大きさ（横軸）を x とし、塩の使用量（縦軸）を y とすると、両者の間にはほぼ直線的な関係が存在し、回帰直線を求めてみると

$$y = 0.07x + 0.17$$

となった。

彼らは、さらに、飛行機（ボーイング747）の客室サービスにおける食事の際に、乗客（六四四人）が使用した塩の量を前述と似たような方法で調べている。ただし、このときには、穴の大きさは四・五平方ミリメートル一種類だけが用いられた。彼らは、また、値段からすると中クラスに

属するレストラン四つを用いて、卓上に置かれた穴の大きさが四・九平方ミリメートルと八・〇平方ミリメートル二種類の容器による塩の使用量を判定している。いずれの場合も、図に示された直線関係にほぼ合致した結果となっている。

容器の穴が大きいと塩の使用量が直線的に増えるということは、言い換えれば、容器の穴が小さければ塩の使用量は直線的に減少するわけである。料理を食べる前に、加塩行動が「自動的に」発現してしまうような人々においては、「味覚的な塩味」よりむしろ容器を「ある強さである回数」ふる行為が「期待した塩味の増加」を認知させるといった、「動作系」の情報が強く関与した「情

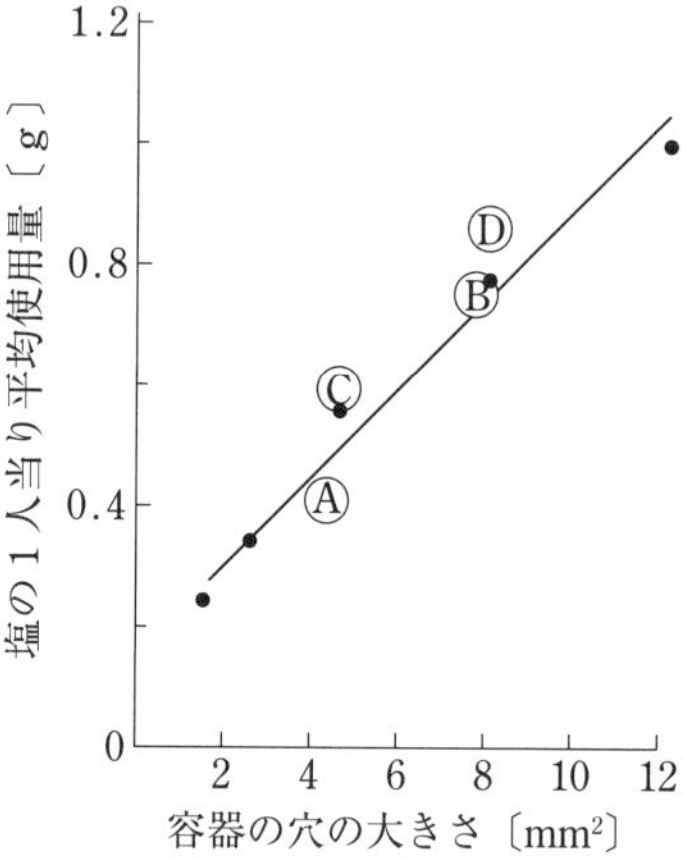

•はキャフェテリア，Ⓐは飛行機の客室，Ⓑは工場の食堂，ⒸとⒹはレストランにおける使用量を示す。

図 18.2 塩の使用量と卓上塩の容器（穴は一つ）の穴の大きさとの関係（Greenfield, Maples, & Wills, 1983 より）

報処理」が行われているように思われる。そうであれば，小さい穴の容器にしておくことが減塩にとってきわめて有効であり，多穴の容器を用いるなどはもってのほかということになる。

〔5〕　女性は魅力的な男性の前では少食になる

人は，特に女性の場合には，「魅力的」と「認知」した男性のパートナーの前では，女性のパートナーの場合に比べ，食べる量が少なくなることを示した興味深い実験がある。現代は，細身でスラリとした体型は，多くの男性にとって魅力的な女性の必要条件であろう。それゆえ，多くの女性は，「ほっそりした体型の女性は魅力的である」という対人評価に関する一種の「認知スキーマ」を形成するようになる。結果として，ほっそりした体型につながる，「目の前の女性が少ししか食べない姿」がボトムアップ的な「情報処理」を進行させる際に，同時にトップダウン的な「ほっそりした体型の女性は魅力的である」という「認知スキーマ」による処理もまた関与することになる。この両者のプロセスによる「情報処理」が進行した結果として，われわれは「少食の女性を女らしく見る」ことになるのである。

プライナーとチェイケン（Pliner & Chaiken, 1990）は男性四九人，女性四七人のトロント大学の学生を被験者にして，「空腹が課題遂行に及ぼす効果についての研究」と銘打った実験を行った。被験者たちは食事をしないで空腹の状態のまま実験室にやって来るよう求められた。各被験者は実験室に到着するとまず同じ実験に参加するもう一人のパートナー（男性もしくは女性）と一緒にされ，たがいがいる前で実験者によりそれぞれインタビューを受けた。このパートナーは，じつは「サクラ」であって，インタビューに際して実験者にあらかじめ指示されていたとおりの返答を行った。この一連の返答により，パートナーは独身であり，人づきあいの良い魅力的な人との印象を与えるようもくろまれたのである。つぎに，被験者とパートナーの二人に対し，たがいがしゃべらずに行えるちょっとした課題が与えられた。その際に，いろいろな添え物が載ったクラッカーが出され，好きなだけ食べながら課題を行うようにいわれた。そして，この課題の遂行中に被験者の食べたクラッカーの量が測定された。併せて，パートナーには見せないという約束で，パートナーの魅力度に関する評定が行われた。この実験の本当のねらいはどのようなパートナーのときにどのような摂

表 18.3　被験者の性とパートナーの性がクラッカーの摂食量に及ぼす効果（Pliner & Chaiken, 1990 より）

男性の被験者

	パートナーの魅力を大と評定	パートナーの魅力を小と評定
パートナーが男性	12.5（11）	17.3（14）
パートナーが女性	14.3（15）	12.4（ 9）

女性の被験者

	パートナーの魅力を大と評定	パートナーの魅力を小と評定
パートナーが男性	8.8（10）	12.1（14）
パートナーが女性	12.5（13）	14.0（10）

注）数値は摂取されたクラッカーの数の平均値を示し，（　）内の数値は人数を示す。

食量となるのかを調べることにあったが、そのねらいが被験者に知られてしまうと実験にならないので、「空腹が課題遂行に及ぼす効果についての研究」といったカムフラージュがなされたのである。結果は表18・3のようになった。

統計的検定は、男性被験者の場合には四つのセル間で有意差はなく、女性の被験者の場合のみパートナーが男性でその魅力が大きいセルにおいて有意な差が認められた。すなわち、女性は魅力の大きい男性の前では少食になるのである。

〔6〕「仲間」たちの食行動を見ることが食物の好みを変える

子供たちは、一体どのようにして食物の好みを身に付けていくのであろうか。バーチ（Birch, 1979a, 1979b）によれば、子供の食物の好みを規定する要因には、「外来的要因」と「内在的要因」（例えば、甘味といったような生来的要因）とがあるという。ここでは、「外来的要因」につき、少し考えてみる。

外来的要因として重要なものに「社会的レベルの『情報』」があろう。例えば、子供たちの場合でいえば、彼らの両親や兄弟姉妹たち家族や仲間たちの食行動を目にすることが、彼らの好みの形成の上で大きな役割を担うものと考えられる。一般に、他者の行動を「観察」することが種々の行動の獲得に大きな効果を持つことは、バンデューラ（Bandura, 1971, 1972）の「社会的学習理論」

により、よく知られているところである。考えてみれば、「観察する」という行為は「情報」を入手するための一つの手段である。この手段により「内的過程」に取り込まれた「情報」が、なんらかの「処理過程」を経て、われわれに、観察対象となった行為の発現を獲得させるのである。

社会的学習理論は、人間が新たな行動を習得することが、自分自身の経験ではなく、他人の経験を見ること、すなわちモデルの行う行動（モデリング）を見ることによっても、成立することを述べているのである。

バーチ（Birch, 1980）は、保育園の「仲間たち」のモデリング効果につき、食物として野菜を用いてじつに興味深い実験を行っている。この実験では、あらかじめ数種類の野菜についての好き嫌いが測定され、この結果に従って一人のターゲット児童と三〜四人の仲間とが一組にされた。ターゲット児童以外の仲間は皆、ターゲット児童が嫌いな野菜を逆に好んでいる児童たちであった。彼らは、定期的に行われる児童発達研究室のランチプログラムに組み込まれ、ランチのたびに同じテーブルにつかされた。

こうして、一組にされた児童たちのグループは、火曜日から金曜日までの四日間、同じテーブルでランチを共にし、野菜以外の食物とともに、毎回、同じ数種類の好きな野菜あるいは嫌いな野菜が出された。最終的に、このような児童たちの組は一七組設けられた（したがって、ターゲット児童となった者は一七人であった）。このようにして、児童たちがどの野菜を選択したのか、そしてそれをどの程度食べたのかについてのデータが収集された。

表18・4に、「ターゲット児童」と「仲間の児童」の両カテゴリー別に、事前測定において「嫌いな」野菜とされたものを最初に選択した児童の比率を、第一日目から第四日目までについて整理したものを示しておく。この表より、「ターゲット児童」では、日の経過とともに嫌いな食物が選択される比率が増加していることがわかる。他方、「仲間の児童」では、この比率はほぼ一定の低い値を保っている（すなわち、仲間の児童たちの多くはいつも自分の好きな野菜を最初に選択していた）。言い換えれば、ターゲット児童は自分の嫌いな野菜を他の仲間たちがむしろ好んで食べている姿を毎回の食事で見ていたことになる。そして、この野菜を最初に選択して食べるターゲット児童の数が、食事回数の増加とともに、徐々に増えたのである。

バーチの表18・4の結果は、仲間の示す食行動を見るという「社会的レベルの『情報』」が、児童の食行動に対し、影響を及ぼすことを示唆するものと考えてよい。味覚にとって感覚的に心地よい食物、例えば適度に甘い食物が好まれるというような、われわれ人間にとって内在的に存在する要因の指摘のみならず、この種の要因もまた、食物の好ましさに十分影響を与えることを指摘したことは、重

表18.4　ターゲット児童および仲間の児童が第1日目より第4日目までに嫌いな野菜を最初に選択した比率（Birch, 1980より）

何日目	1	2	3	4
ターゲット児童（N = 17）	0.12	0.41	0.59	0.59
仲間の児童（N = 48）	0.15	0.2	0.16	0.15

要なことである。なぜなら、児童たちの偏食傾向を是正するために、この種の要因が有効であると思われるからである。特に、日本の場合、学校給食の制度があるので、この制度を積極的に利用し、適切な給食・摂食デザインを実施するならば、偏食是正のためのそれなりの効果を挙げることが期待できるのではなかろうか。そのためには、教室で食事をする際には、授業のときのように、全員が教壇に向かって座るのではなく、児童たちができるだけたがいの食行動を目撃できるような座席配置がとられることが望ましいように思われる。

われわれが『ものを食べる』という行動をしているときは、単に「生物学的栄養の補給」をしているのではなく、そのこととともに、さらに「文化」や「自然と人とのかかわり」や「人と人とのかかわり」や「人とものとのかかわり」をも一緒に『食べて』いるのである。すなわち、「社会的・人間的『情報』という栄養の補給」も併せて行っているのである。

したがって、その料理の生まれた文化的・社会的・歴史的背景の知識を持つことや、季節の旬の食材を用いた料理を食べることや、「会話」のある団らんの場で食事をすることや、自分でも料理をすることなどの事柄が、食事者たちが人として備えるべきさまざまな類の「理解スキーマ」を育んでいく上で、非常に重要な役割を担っているのである。

第19章

情報に対して行う人間の直観的量判断

〔1〕 情報に対する直観的計算

ここでは、数学的な「情報理論」に基づいたいわゆる「情報量」について述べるつもりはない。われわれ人間に見られる直観的量判断の中で、特に、「計算」的性質を有していると思われる情報の操作につき若干考えてみたい。

(a) 直観的加減算

この種の情報処理はわれわれの日常生活において頻繁に行われている。例えば、旅行用カバンにいくつもの物品を詰めていく際に、個別の品物の重さをいちいちはかりで量るというようなことはなく、手で持ち上げながら、これはパッキングの中に加えても大丈夫だ、これは加えると全体として重くなりすぎてダメだ、これを減らせば大丈夫だといった具合に、直観的加減算をなんの困難もなく行っているのである。一日の摂取カロリーや摂取アルコール量が適量になっているのかどうかを、いちいち換算表に基づき客観的に計算することなく、これは飲んでも大丈夫だ、これは減らしておいたほうがよいといった具合にだいたいの全体量を直観的にわれわれは把握することができるのである。荷造り用のひもの長さが足りないときに適当な長さのひもを結び足したり、調理の際の塩の量を加減したり、おわんに米飯をしゃもじで何回かすくって入れたり、減らしたりして適量を盛ったりとか、日常生活の例を挙げれば枚挙にいとまがないのである。こう見てくると、直観的加減算の判断行為は，特に「直観的計算」といった認識がなされることもなく日常生活行動そのものの中に「当たり前」のこととして埋め込まれているのである。

(b) 直観的乗除算

この種の直観的判断も日常的に行われている。まず直観的乗算をしてみよう。例えば，家族全員のサラダやカレーといった料理の食材を買い込むときを考えてみればよい。六人家族の一人の食べる量を推測し，その量に六を乗じて全体量を算出するといった手続きをしなくとも（もちろんする場合もあろうが），われわれは直観的にパッと家族全体の必要量を判断することができるのである。なにかの塗り薬を毎日使用している人が，二か月分としてどれ位の量を処方してもらえばよいかを，いちいち一回分の使用量をもとに乗算を行うことなく，パッと大体の量を直観的に判断することが可能なのである。

直観的除算についてはどうであろうか。例えば，毎晩立ち寄るなじみのバーにキープしてあるウィスキーのボトルを一週間持たせようとしたら一晩に水割りを何杯でやめておけばよいのかといったようなことを，いちいち客観的にボトルのウィスキーの量を七で除して（七分割して），これ位だろうと計算することもなく（する人もいようが），われわれは瞬時に直観的に判断することが可能なのである。ウエーターが大皿の料理やスープをテーブルの人数分ちょうどあますことなく取り分けるといった際はどうであろうか。そこに必ずしも計算的作業を媒介させなくても，直観的に一人分の量を判断することができるに違いない。受験勉強をしている人は目標の学力に到達するためには、一日に何時間位の勉強をしたらよいのかをごく自然に判断している。この場合にも一種の直観的除算の作業が媒介していると考えることができる。

(c) 直観的平均化

われわれは入力情報に対し、直観的レベルで、複雑な計算的判断を行うことが可能である。それは「平均化」の処理に基づくものである。身近な例としては、春における桜の開花状況はそれに該当していよう。いま近所の公園に五〇本ばかりの桜の木があったとする。個々の木は樹齢や、日当たり具合や、土質などにより、八分咲きの木や、五分咲きの木や三分咲きの木といった具合にさまざまな開花状況のものがあろう。しかし、公園全体を散策した後に、もし「公園の桜はどれぐらい咲いていたか」の問い掛けがあれば、「全体としては五分咲きだ」といった判断をわれわれは容易に下すことができるのである。この判断は、木々によって異なるさまざまな開花の程度を公園全体の木について平均化（averaging）する直観的計算の結果として生み出されたものである。さらに例を挙げるなら、「今年の夏は全体として去年の夏より暑かった」といった判断や、「授業における学生の出席状況は春学期全体としては七割だった」といった判断など、多々存在する。この種の平均化の判断も加・減・乗・除と同様に日常生活の中でそれと特に意識されることもなく、普通のこととして行われているのである。

〔2〕 スティーブンスの精神物理学

人間が、これまで見てきたような直観的量判断を遂行できるということ、特に直観的な乗除算的判断が可能であるということに基礎を置いて成立していると思われるものに、スティーブンス（Stevens, 1957, 1958, 1971, 1975）の精神物理学というものがある。例えば、われわれは、われわれに聞こえるテレビの音の大きさを半分にしたり、三分の一にすることができる。あるいは二倍にしたり、三倍にしたりもできる。現在のテレビでは音量の調節作業は通常画面上のバーコードのバーの数を目盛りとして利用することにより行っていよう。しかし、このような目盛りのないアナログ式ダイヤルにおいても（例えばラジオの場合）、われわれはいとも簡単に前述の作業を遂行することができるのである。

この作業は、われわれに聞こえるもとの音の大きさを基準にして、その何倍かということや、その何分の一かということを判断する作業にほかならない。まさに前者は直観的乗算、後者は直観的除算の作業そのものに相当しよう。

(a) マグニチュード推定法

スティーブンスがマグニチュード推定法（magnitude estimation）を用いたさまざまな研究を行ったのは、いまから六〇年ほど前、一九三八年以降のことであり、百数十年前に主張されたフェヒナー（Fechner）の「古典的精神物理学」に対し「新精神物理学」として位置付けられる。「精神物理学」とは読者にとって聞き慣れない言葉であろう。しかし、その誕生の背景にある学問的理念について触れることは別の機会に譲ることにし、ここでは必要最小限の知識として「物理事象と意識経験の関係を調べる学問」と説明しておくにとどめる。今風に表現し直せば、ここでいう「物理事象」とは外的に（客観的に）存在する刺激（人間にとっては一種の「情報」）を指し、「意識経験」とはわれわれ人間の主観的な認識（人間の側の「認知内容」）を指していることになろう。

スティーブンスの方法では「直接尺度法」の手続きが取られる。彼は、被験者が自分の感覚の数量的判断を直接行うことが可能である（直接尺度法）という立場から、いくつかの方法を考案している。そのなかで最も多くの研究において用いられているのがマグニチュード推定法である。この方法は比率尺度を構成する方法である。

マグニチュード推定法の典型的手続きには二つのものが区別される。一つは、一種の標準刺激である「モデュラス」（modulus）を用いるものである。このモデュラスにより生み出される感覚の大きさに一定の数値Aを付与し、それ以外の刺激の感覚の大きさはこのモデュラスの感覚の大きさとの比較判断に基づいて数値Aに比例した値が付与される。

もう一つは、この種の実験者が与えたモデュラスというものを用いずに、被験者が与えられた刺激のうちから好みの刺激に対してその感覚量に好みの数値を付与し、判断作業を行うものである。

すなわち、こちらの場合は、モデュラス機能を持つ刺激の選定が被験者の手に委ねられている場合である。この場合には、多くの被験者は最初の提示刺激をモデュラス的に用いると考えられる。両者の方法により構成された尺度はよく一致することが知られている。

(b)　べ き 法 則

マグニチュード推定法を用いて測定すると、多くの感覚機能について物理的強度の心理的印象は、単純な数学的関数、すなわちべき関数に従うという。例えば、音の大きさや光の明るさの心理量は、音や光の物理量の三分の一乗（立方根）に比例して増加する。音の持続時間の主観的判断は、秒単位で表された実際の時間とほとんど正確に一致して直線的に（一・〇乗）増加する。一般に、多くの感覚現象について、次式が成立する。

$$J = kI^p \qquad (19 \cdot 1)$$

J（Judgment）は心理量の判断値、I（Intensity）は物理的強度、p（power exponent）はべき乗で心理量と物理量との関係を支配するべき指数の大きさを表し、kは任意の定数で被験者が判断に際して用いた数値（例えばモデュラスを用いた場合にはモデュラスの大きさ）により決まるものである。例えば、コーヒーのかおりの主観的強さがその物理的強度の平方根に伴って増加するならばpは〇・五である。もし、その物理的強度が一のものに対して被験者が一〇という数を反応として割り当てたとすると、kは一〇である。つまり、物理的強度が四のものに対して被験者は反応として二〇を割り当てると予想できる。この種の関係が「べき法則」と呼ばれているものである。このべき法則は、マグニチュード推定法を開発し、その有効性を世に広めた心理学者スティーブンス（Stevens）の名にちなんで「スティーブンスの法則」とも呼ばれている。

(c) 二種類の「心理学的連続体」

心理学的な「連続体」を考えるとき、二つの種類が区別される。一つは「どのくらいの量か」ということを表す連続体であり、もう一つは「どんな種類か」ということを表す連続体である。それゆえ前者は「加算的」（additive）連続体であり、後者は「置換的」（substituve）連続体といえる。前者の連続体上での位置の違いはある刺激属性の量（強度）の大きさの違いを意味する。それに対して、後者の連続体上での位置の違いは、ある刺激属性の内容の違いを意味する。両者で共通しているのはこれらの違いが徐々に連続的に移行するということである。それゆえに「連続体」という名称が用いられているのである。前者の典型例としては質量の心理的対応物である「重さの感じ」を、また後者の典型例としては「色の色相（hue）」や「音の高さ（pitch）」を挙げることができる。スティーブンスは前者のタイプの連続体を「プロセティック連続体」（prothetic continuum）、後者のタイプの連続体を「メタセティック連続体」（metathetic continuum）と名付けている。スティーブンスの法則であるべき関数の関係は、物理的変数とプロセティック連続体をなす心理的変数との間で成立する法則として考えられている。

(d)　べき関数の展開

べき関数は式（19・1）のとおり

$$J = kI^p$$

で表すことができる。ここで、Jは心理量（Judgment）、Iは物理量（Intensity）、pはべき指数（power exponent）、kは定数である。両辺の対数をとると

$$\log J = \log k + \log I^p$$

$$\therefore \log J = p\log I + \log k \qquad (19・2)$$

式（19・2）は、グラフの横軸に物理的強度Iの対数をとり、縦軸に心理的強度Jの対数をプロットすると勾配p、切片$\log k$の直線が得られることを意味する。すなわち

$$Y = pX + c \qquad (19・3)$$

$$\left(\begin{array}{l} Y = \log J \\ X = \log I \\ c = \log k \end{array}\right)$$

となる。ということは、両軸とも対数で表されている「両対数方眼紙」上にプロットすれば、直線が描かれることになる、逆にいえば、両対数方眼紙のX軸に物理量をとり、マグニチュード推定法により得られた心理量をY軸にとってプロットされたデータの回帰直線を求めるならば、この

回帰直線の傾きはスティーブンスの法則におけるべき指数を表すことになる（実測値としてpを求められる）。このようにして得られた、例えば指先に対する電気ショック六〇ヘルツの電流の強さのpは三・五であり、見えの長さ（線分）のpは一・〇であり、見えの明るさ（暗順応眼、指標の大きさ視角五度）のpは〇・三三であった。

前述したように、マグニチュード推定法は、加算的な（プロセティックな）心理的次元であれば、ほとんどどんな判断にも適用することができる。これまでの感覚的次元とは異なる興味深い例を一つ挙げておこう。セリンとウォルフギャング（Sellin & Wolfgang, 1964）は、犯罪の内容とそれに対する罰則の重さとの関係が社会的にどう判断されているのかを測定する道具としてマグニチュード推定法を用いた。例えば、強盗の罪の重さを盗まれた金額の関数として評定すると、つぎのような指数が〇・一七のべき関数が得られたという。

$$J = kI^{0.17} \qquad (19・4)$$

ここで、Jは罪の重さ、Iは盗まれた金額、kは定数である。

つまり、ある犯罪が別の犯罪の二倍の罪の重さであると見なされるには、金額にして約七〇倍盗んだ場合であることになる。

(e)　クロスモダリティーマッチング

もしもスティーブンスのいうように、すべての感覚領域において、被験者が自分に感じられる主観的感覚の大きさを「数」にマッチさせることができるのなら，同様の方法で一つの感覚領域における主観的感覚の大きさを別の感覚領域における主観的感覚の大きさにマッチさせることができるはずである。こういった作業は「感覚モダリティー間のマッチング（クロスモダリティーマッチング）」（cross-modality-matching）と呼ばれており，被験者はこのような判断を容易に行うことができる。

いま，二つの連続体A，Bの間でこのような作業がなされたとして，そのときに両者の間にいかなる関係が成立するのかについて，理論的に導かれる結果を予測してみよう。

まず，それぞれの連続体について，標準的なマグニチュード推定法を用いてべき関数を求めたところ，以下のようになったとする。

A連続体については

$$J_A = k_A I_A^{\,a} \qquad (19\cdot5)$$

B連続体については

$$J_B = k_B I_B^{\,b} \qquad (19\cdot6)$$

つぎに被験者は J_A の強度を持つA連続体上の刺激を観察し，それと主観的大きさが等しくなるように思われるB連続体上の刺激の強度を調整して求める。この作業が成立したということは

$$J_A = J_B \qquad (19\cdot7)$$

を意味する。したがって

$$k_A I_A^{\,a} = k_B I_B^{\,b} \qquad (19・8)$$

この式より I_B を求めると

$$I_B^{\,b} = \frac{k_A}{k_B} \times I_A^{\,a} \qquad (19・9)$$

両辺の b 乗根を求めると

$$I_B = \left(\frac{k_A}{k_B}\right)^{\frac{1}{b}} \times I_A^{\frac{a}{b}} \qquad (19・10)$$

すなわち

$$I_B = kI_A^{\frac{a}{b}} \qquad (19・11)$$

$$\left[\,k = \left(\frac{k_A}{k_B}\right)^{\frac{1}{b}}\,\right]$$

となり、べき関数となる。

すなわち、クロスモダリティーマッチングによって得られたべき関数の指数は、それぞれのモダリティー単独について得られたべき関数の指数の比で表されることになる。この関係が実際にはどうなっているのかを吟味した研究結果は、われわれにその成立を十分に認めさせるものであった。

第20章

現代社会と情報環境

〔1〕 バイオリンの英才教育「鈴木メソッド」

バイオリンの学習に「鈴木メソッド」と呼ばれるものがある。日本の鈴木鎮一氏が開発したバイオリン教育のための教育方法で、世界的にもよく知られた方法である。一口でいえばこれは「聴いて演奏する」方法である。鈴木氏はこの方法を子供の言葉の習得というものを参考にして開発したそうである。

子供たちの母国語の習得は教科書を使って学ぶものではない。母親や父親や兄弟姉妹の話すのを聴いている。そうこうするうちに、それを真似て片言を話し始める。その言葉は周囲の大人によって矯正され修正される。バイオリン教育も同じように「聴いて演奏」すべきであると鈴木氏は述べている。

鈴木メソッドにおける順序というのは、まず、お父さんが弾くのを聴く、お母さんが弾くのを聴く、周りの人が弾くのを聴く、あるいは名曲をCDで聴く、といった「オーディトリーパターン」(auditory pattern) との接触がまずなされることになる。子供はそれを真似て、ともかく演奏する。すなわち、「キネシオロジカルパターン」(kinesiological pattern) の遂行となるわけである。楽譜すなわち「ビジュアルパターン」(visual pattern) と対応させるというのは、前二者間のリンクがある程度できてから後でやるのである。

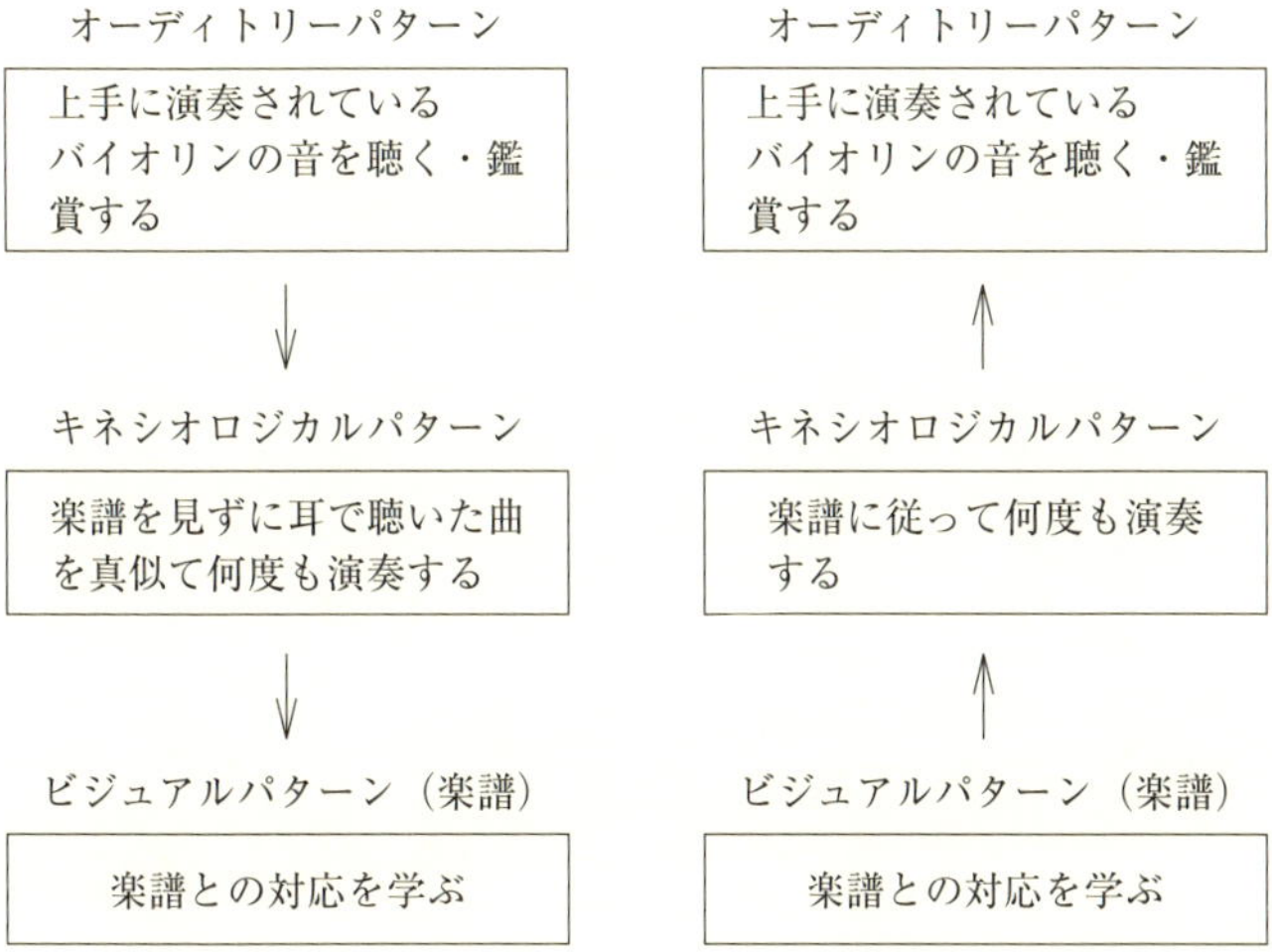
オーディトリーパターン
上手に演奏されている
バイオリンの音を聴く・鑑
賞する
キネシオロジカルパターン
楽譜を見ずに耳で聴いた曲
を真似て何度も演奏する
ビジュアルパターン（楽譜）
楽譜との対応を学ぶ
オーディトリーパターン
上手に演奏されている
バイオリンの音を聴く・鑑
賞する
キネシオロジカルパターン
楽譜に従って何度も演奏
する
ビジュアルパターン（楽譜）
楽譜との対応を学ぶ

（a）鈴木メソッドにおける学習順序

（b）伝統的メソッドにおける学習順序

図 20.1　鈴木メソッドと伝統的メソッドにおける学習順序

通常の伝統的メソッドでは、まず楽譜の読み方を教えて、それに対応する演奏技術を教えて、音にもっていく、というように方向が逆になる（図20・1）。

したがって、鈴木メソッドの一つの特徴は、教育の開始が早ければ早いほど良い、すなわち早くから良い曲を聴かせるほど良いというところにある。そのことにより、音楽に対して敏感で豊かな感覚が育ち、楽器演奏のためのレディネスができるというわけである。

鈴木メソッドのもう一つの特徴は、前述のように、子供はお父さん、お母さんたちがバイオリンを弾いているのをそばで見かつ聴いているわけである。親がバイオリンを楽しそうに弾いているのを見ると、自分もバイオリンをやりたくなる。これを「内発的動機付け」と呼ぶ。つまり褒美がもらえるからやるということではなくて、そのことをやること自体が褒美になるわけである。バイオリンを弾くこと自体が子供の目的となっているから、正しく演奏できなくても「負の強化」が与えられるということはない。やること自体が強化になるわけであるから、つねに「正の強化」しかない。ところが、楽譜から始める伝統的方法では、音符に照らした演奏をすることが目的になるから、そのとおりの演奏ができなかったら「負の強化」となる。

鈴木メソッドは、心理学的な理論をもとにつくられたものではないが、結果として心理学の理論が背景となっている。

〔2〕 現代の子供たちの情報環境

なぜ〔1〕でバイオリンの英才教育「鈴木メソッド」に言及したのかというと、そこで見られた学習順序の構造が現代の子供たちの情報環境にも当てはまるように思われるからである。現代の子供たちを取り巻く情報環境には、テレビゲーム、ファミコンのゲーム、パソコンがあふれている。すでにもう親がパソコンやゲームをやっているのを、小さい子供が見ているという世代になってきている。とにかく、兄や姉、周囲の人が映像をいじっているのを小さい子供が見ていて、自分もやってみたくてたまらない。映像を操作すること自体が楽しみとでもいうか、いじってみたいわけである。先ほどの鈴木メソッドの表現の仕方に合わせると、子供たちは、まず親や兄や姉など周囲の者たちが操作しているイメージパターンをそのそばで見ていることになる。すなわち、いろいろな映像（ビジュアルパターン）との接触がまず初めにやってくる。その結果、映像を操作してみたくてたまらなくなるというわけである。すなわち、キネシオロジカルパターンの遂行がつぎに続くことになる。映像操作についての使用書の内容とか、プログラムといったようなナレッジパターン（knowledge pattern）との対応は最後に位置することになる。これは、先ほどの鈴木メソッドの仕掛けと同じ内容となっている。

他方、大人たちが、「さあ、自分もパソコンを勉強しよう」などというときには、まず使用書を頭から一所懸命に読むことから始める。その知識に基づきながらキーの操作を覚える。最後にさまざまな多くの映像との接触が行われるという順序で進む（図20・2）。

すなわち、大人たちは子供たちとは逆の方向によりパソコンの操作を習得していくのである。

それに対して、いまの子供たちは鈴木メソッドと同じような環境に置かれていることになる。鈴木メソッドの場合には、英才教育の一つとして、親が子供を鈴木教室に預けて、その環境に意識的に入れ込んで初めてその条件を与えられるわけである。しかし、現代の子供たちは、そのように親がどうこうしなくても、キー操作による映像情報処理遂行に対し、自然に鈴木メソッドと同じようなト

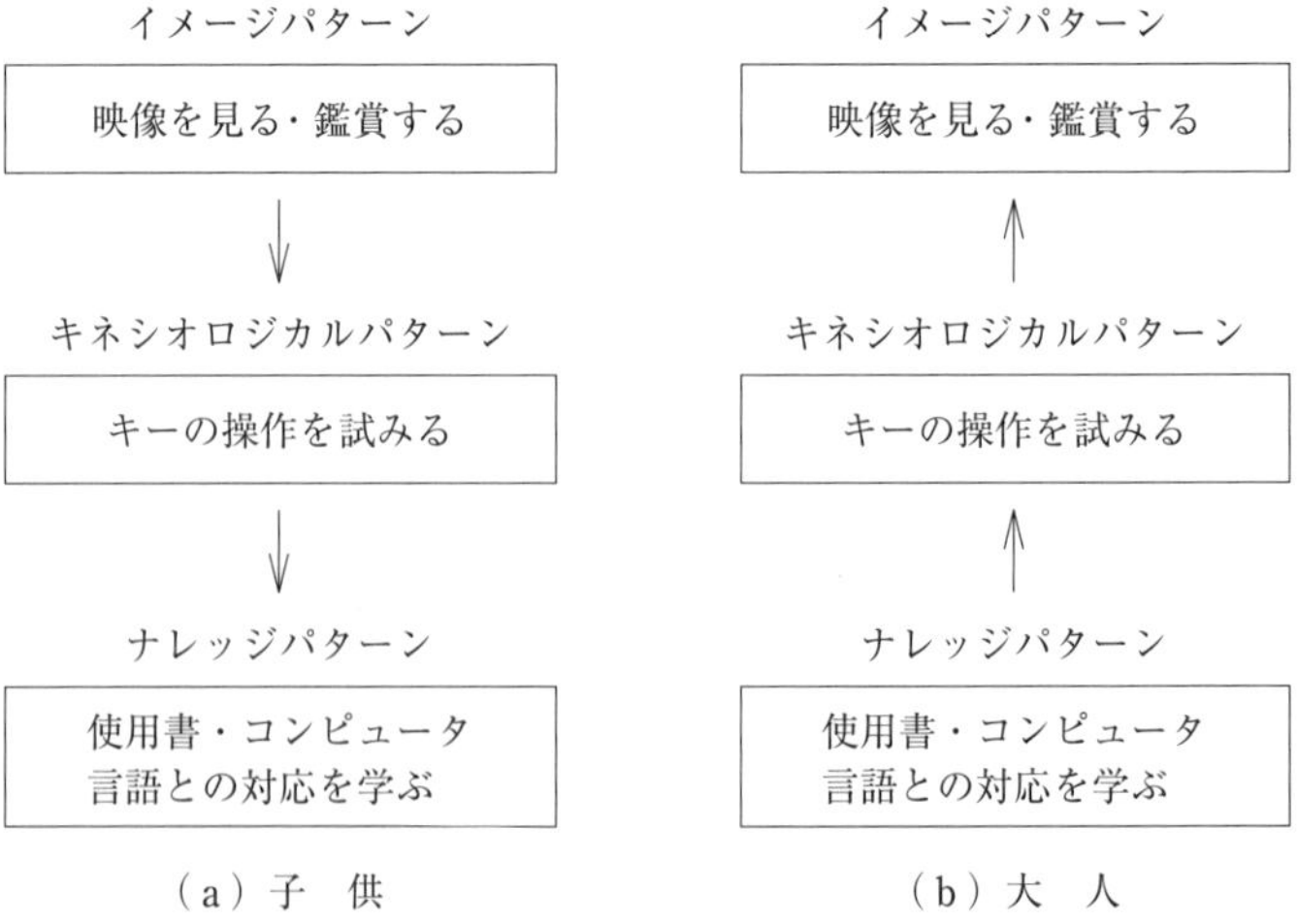
イメージパターン
映像を見る・鑑賞する
キネシオロジカルパターン
キーの操作を試みる
ナレッジパターン
使用書・コンピュータ言語との対応を学ぶ
（a）子　供
イメージパターン
映像を見る・鑑賞する
キネシオロジカルパターン
キーの操作を試みる
ナレッジパターン
使用書・コンピュータ言語との対応を学ぶ
（b）大　人

図20.2　子供と大人における，テレビゲーム，ファミコンのゲーム，パソコン等の学習順序

レーニングシチュエーションにはめられているわけである。

〔3〕 新しい情報処理能力の芽生え

前述のように、現代の子供たちは過去の時代には見られなかったような新しい情報処理能力がはぐくまれている可能性がある。どういう能力かといえば

① イメージパターンの処理能力

② キネシオロジカルパターンの処理能力

③ 両者の統合的リンクを生み出す能力

である。すなわち、「映像情報処理能力と動作系の反応能力と、両者のスムーズな連携維持能力」である。

言い換えれば

① それぞれの課題を遂行する際に用いられる思考の枠組みとしてのスキーマ

② 課題遂行をモニターし、コントロールするより上位のメタスキーマ

の形成能力がつくられるような自然の場ができていることになる。

人間は過去の時代においてもそういう能力を開発できる力を持っていたのであろうが、いままでの環境ではその仕掛けにはめられていなかったから、いわば可能性としては持っていても十分に育

たなかったというか花開く十分な機会がなかったわけである。しかし、現代は鈴木メソッドと同じような仕掛けの中にはめられて、花開く可能性が非常に出てきている。なぜなら、人々が現代社会に生産的に適応するためには、そのような能力が強く求められる条件が生じてきているからである。ところがこの種の能力を身に付ける時期を逸してしまった大人たちは、仕掛けの中にはいなかったので、このような能力は持ち合わせていない。これは、現代がパソコン等の情報処理機器が一般化した世の中であるがゆえに生じたことであり、パソコン等の普及がなければ、このようなことは生じなかったであろう。

第21章

情報処理知能検査の開発

〔1〕 認知変数と知能

さて、人間の頭の知的な働きを情報処理という視点からせめているのが認知心理学であり、この「認知心理学」と「知能」とを「映像」を媒介にしてドッキングさせてみよう。従来の知能の枠内にはなかった

① さまざまないわゆる「認知変数」

② スキーマの遂行をモニター、コントロールする働きにかかわるような「メタ認知変数」を映像情報処理場面を用いて「知能」の枠内に入れることができよう。なぜなら、「知能」とは普遍的なものではなく、相対的なものであり、時代・文化背景の影響を多分に受けているからである。現代風の知能を考えるときには、やはり映像に関する情報処理の能力というものも「知能」として考えなくてはならない。

例えば、映像情報処理場面を用いることにより、「現代的知能」の枠内に入れるべき「認知変数」としては、以下のようなものが考えられよう。

① 注意の容量の大小（短期記憶の容量）

② 注意の分割能力（同時処理能力）

③ 認知的コンフリクトへの耐性

④　情報処理課題の遂行の速さ
⑤　短期記憶から長期記憶に情報を移行させる能力
⑥　意識的処理から自動的処理へ移行する能力
⑦　注意の切り替え能力
⑧　異モダリティ間の情報処理の独立性　等々

〔2〕メタ認知変数と知能

他方、認知心理学では、前述のような変数に代表される認知過程に加えて、メタ認知という概念も用いる。これは「認知に関する認知」であり、このメタ認知はわれわれの一連の情報処理過程に基づく認知活動が「目標」に合っているかどうかをモニターし、もし目標に向かっていない場合には、「おかしい」ことをわれわれに知らせてくれるという。これはスキーマを運用してある目標に向かっているときに、いま適用しているスキーマがうまく働いているかを考えたり、どのスキーマを使えばいいのか、組合せはどうするのかというようなことを考えることである。すなわち、一口でいえば、「メタ認知」とは自己の認知活動の評価と統制に関する能力を示す。映像情報処理場面を用いて、「現代的知能」の枠内に入れるべき「メタ認知変数」としては、例えば、つぎのようなものが挙げられよう。

① 自己の課題遂行能力の正確な評価（要求水準の適切な変化等）
② ある認知的課題遂行において、いずれの方略がより有効な方略かの予測能力
③ そのような方略を実行する能力
④ 自己の経験を振り返ることにより、目標に近づきつつあるのかどうかを判断し、採用した方略を続行するか、中止するかを決める能力

〔3〕 現代的知能検査

前出のような「現代的知能」を測定する課題場面は、図21・1のごとく

① 映像（イメージ）
② 動作（キネシオロジー）
③ 知識（ナレッジ）

という三者の相互連関の中で初めて実現可能となろう。

このような構想を実現する三つの前提としては

① コンピュータの発展（ハードとソフト）
② 画像技術の発展（ハードとソフト）
③ パソコンの普及

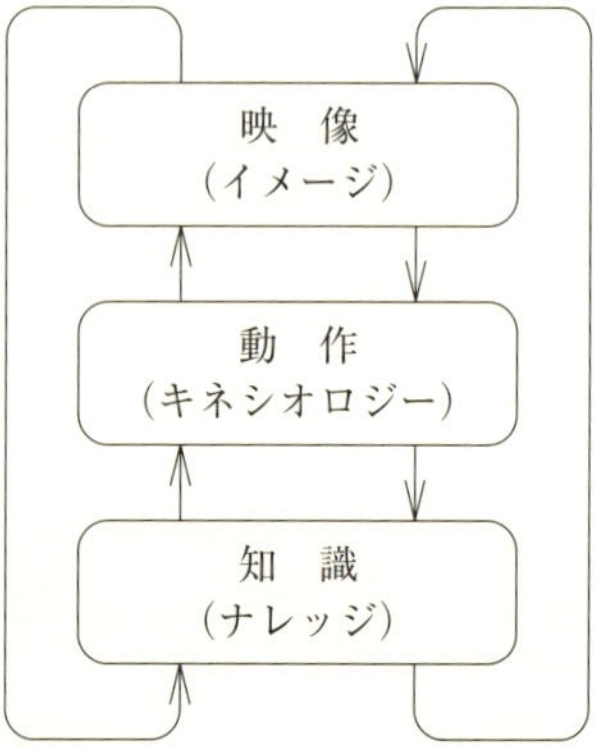

図 21.1　新しい「現代的知能」を測定する課題場面

が考えられる。したがって，今後の「知能検査」は，簡易版は携行可能な大容量記憶装置に入っており，パソコンを用いて実施するような方式が考えられる。また，本格版はマルチメディアやハイパーメディアを用いて実施される方式が考えられる。考えてみると，いままで使用されている知能検査というものはすべてスタティックなものである。たとえカードなどのいろいろな道具を使っているにせよ，課題の設定は，文字で書かれたものであったり，絵で描かれた静止画である。それもハードコピーされたもので課題設定がなされ，実施されている。「現代的知能検査」を考えるときには，ダイナミックな場面の中で知能が発揮できるものにしていくべきである。そこで，映像を使用することによって，まず「変化」や「動き」という要因が入り，また，音声を用いることにより，変化や動きから生じる「情緒的（感性的）要因」が入り，「時間軸」が入る。また，「映像と音声の相互作用」も取り扱える。言い換えれば，より「エコロジカルバリディティー（生態学的妥当性）」の高い状況の中で課題設定することが可能となる。また，変化と動きと時間軸があれば，現実の場面には存在しないような抽象的な課題も構築できよう。そうなれば，抽象的な課題を遂行する能力についても取り扱えることになろう。

前述のような課題によって測定された特性は，人間と現代の社会環境の間で生起するさまざまな具体的問題の解決を考えていく上で，人間の側の新しい心的特性の記述尺度として大いなる利用が期待され得る。この利用は，たとえてみるなら，「生物学」で人間の身体を測定するのに用いる

「身長、体重、座高、……」といったような測定尺度が、さまざまな生物学的問題を考える上でじつに有効に機能していることと同じである。あるいはまた、「医学」で人間の組織機能を測定するのに用いる「視力検査、血液検査、尿検査、……」といったような測定尺度が、さまざまな医学的問題を考える上でじつに有効に機能していることとも同じである。

現代的知能を構成する因子というものは、例えば情報処理能力という側面に関していえば、情報機器操作能力のようなものというより、人間の心の側の情報処理特性を示すものと考えられる。そうであれば行動主義と呼ばれる近代の心理学がブラックボックスとして手を触れなかったボックスの中に存在する変数こそがその対象とされるべきである。それゆえ、このボックスの中の「情報処理プロセス」に多大な関心を寄せた現代の認知心理学は現代的知能を考える上で非常に重要な示唆を与えることになる。ということは、認知心理学への関心の高まりと連動して、現代の社会環境の中で適応的に生存していくための「知能」とはなにかといった問題への関心が必然的に高められることになろう。その際に強く留意すべきことは、このような現代的知能を具体的に測定する仕掛けの開発は単に心理学だけで扱いきれるものではなく、例えば社会学や教育学や工学といったような諸分野が有機的に協同して作業を行う「総合学」的取組みが求められるという点である。著者はこのような問題を研究テーマの一つとしているような「総合学」のことを『情報人間科学』と呼ぶことにしている。『情報人間科学』については、23章においてあらためて若干触れることにしたい。

第22章

「認知理学」における今後の研究課題

〔1〕 認知心理学の「素朴分類学」

認知心理学においては、分類学的な視点からすれば

① 認知理学

② 認知工学

という二つの「素朴分類（naive taxonomy）」が成り立つ。これは、例えば、理学部と工学部とか、基礎医学と臨床医学とか、基礎分野と応用分野といった分類と軌を一にする分類概念である。このような二分法的（dichotomous）な分類思考は「学問的には」単純過ぎると考える向きもあろうが、著者を含め多くの人々の分類意識を規定しているのは、まさにこの種の「素朴概念（naive conception）」なのである。

本書はこの二分類でいえば、おもに「認知理学」に属する内容にウエートを置いて記述してきた。そこで、本章においては、「認知理学」の分野において、今後さらに明らかにされていくべき理論的問題点につき、いくつかの項目を著者なりに選び、若干の考察を試みることにする。

そこで、特に認知過程に対する「のぞき窓」となり、今後さらに豊かな成果をもたらすことが期待される認知変数を選択してみるならば、以下の三変数が有望株であるように思われる。

① 処理資源

② ワーキングメモリ

③ メタ認知

〔2〕 なぜ「処理資源」なのか

この変数に関しては、現在のところ、「単一資源理論」より「多重資源理論」のほうがより一般性のある考え方といえる。しかし、多重資源の種類としていかなるものを考えるのかとか、それらの資源がいかなる働きをするのかとか、いったいいくつの資源が存在するのかとかいったような、きわめて重大にして本質的な事柄がいまだはっきりとはしていない。それにもかかわらず、この概念を想定することにより、人間の課題遂行時の多くの問題を整合的に説明できる可能性が非常に大きいのである。

「単一資源理論」は、「注意」概念がかかわる説明に対しては、ほとんどのケースについて、等価的に置換えが可能のように思われる。この場合には、これまでの研究を見ると、認知過程の入り口付近の現象を取り扱っているものが多く、認知過程の高次の処理を対象にしているものは少ない。しかし、少なくとも、単一の資源を想定するだけで説明可能な現象も存在するのである。

それに対し、「多重資源理論」のほうは、認知過程の低次な処理はもちろんのこと、高次な処理についても十分な説明力を有しているように思われる。すなわち、低次な処理に対しては、多重な資源のうちの一つの資源のみがかかわっている事態と考えればよいのである。しかしながら、一つの資源のみが用いられている場合と、二つ以上の資源が用いられている場合との、資源の総量に関するメカニズムの理論的詰めがいま一つわからないところがある。それはこういうことである。いま、ある人がA課題を単独で遂行しており、A資源が一つだけ用いられているとする。そして、その消費量がその人が持っているすべての資源の総量一・〇のうちの〇・五であったとしよう。この人はまだ〇・五の分量を必要があれば「他の種類の資源」を用いる課題の同時的遂行に回せるはずである。今度は、この人がA課題とB課題両者を同時的に遂行し、たがいに独立したA資源とB資源の両者を用いているとしよう。このとき、A資源が〇・五必要であり、B資源が〇・七必要であったとしよう。A資源を用いる課題を十分に遂行することにすれば、B資源を用いる課題は必要な量の資源が得られず十分な遂行ができない。すなわち、「独立している」はずの二つの資源の間に干渉効果が及ぼされるわけであるから論理的に矛盾を起こすことになる。この矛盾は、「人には、いかなる事態であろうと、使用可能なエネルギーの総量には限界があり、この総量の限界は異なった種類の資源にも当てはまる」という暗黙裏の前提が適用されているからである。

この「総量限界仮定」がおかしいとすれば、理論的に可能なもう一つの考え方は、「それぞれの種類の資源はそれぞれ独自の限界量を持っている」とすることである。例えば、A資源の限界量が〇・八であり、B資源の限界量が〇・九であったとすれば、この場合には両課題の十分な同時的遂行において干渉は起こらない。この場合，単純な加算はできないとしても，話を簡潔にするために，加算が成り立つとしてみよう。合計で，結果的に，一・七の消費量となる。われわれが日常なにかを行うときは，二つどころか，三つ，四つといった課題の同時的遂行もしくは独立した資源（一つの課題であってもそこにたがいに独立した複数の資源がかかわることも理論的には可能なはずである）が用いられていると考えられる。そうであれば，いったい合計でどれだけの消費量となるのであろうか。いい方を換えれば，独立した資源がかかわる課題であれば，結果的に合計量が相当に大きなものになる場合であっても，人は十分に課題を遂行することが可能だということになる。日常におけるわれわれの経験からして，本当に人はそれほどに十分な課題遂行能力を発揮しているのだろうか。

著者には，いくらたがいに独立な資源といっても，それぞれの資源が相当に大きな独自に消費できる資源量をいかなる事態においてもつねに安定的に独立して保有していると仮定することの妥当性については，十分に理解しきれていない。人がある事態において発揮できる「エネルギーのようななにか」の総量にはしかるべき限界がどうしても存在していよう。この種の総量の限界が仮定されるのであれば，この限られた量の「エネルギーのようななにか」を必要に応じて配分するなにか司令塔のような働きをするシステムの存在をどうしても仮定したくなる。しかし，このような考え方をすることは「単一資源理論」への回帰を意味しないであろうか。すなわち，下手をすると理論的「循環論」に陥る可能性を秘めているといえないだろうか。著者には，このあたりを理論的に詰める研究を含め，今後，「処理資源」をめぐるさまざまな研究が活発に行われていくように思われる。むしろ，ぜひそうなってほしいと期待しているのである。それらの研究結果は，必ずや，「認知理学」の分野においてその発展に多大な貢献を果たすであろう。

〔3〕 なぜ「ワーキングメモリ」なのか

この変数に関しては，つぎのような大事な問題がまだ十分に明らかにされているとはいえない。すなわち，どのような「サブシステム」が，どのような条件のときにどのような働きをするのか，また，いったい全部でいくつ存在するのか，といった問題である。

これらの問題に関しては，例えば，バッドレー（Baddeley, 1986）の初期のモデルでは，「音韻ループ」，「視・空間スケッチパッド」，「中央実行系」という三つのサブシステムを想定していた。しかし，最近のバッドレー（Baddeley, 2000）の論文を見ると，これに「エピソードバッファ」という異種情報の統合機能にかかわる第四番目のサブシステムの追加を提案している。こうなると，いったいいくつのサブシステムが必要になるのであろうか。サブシステムを特定する作業は二重課題における干渉効果をツールとして行われている。この場合，ワーキングメモリの測定課題としての妥当性の問題がつねにつきまとう。いくつかの変数の混交が起こっているような課題であれば，その後のサブシステムの切り分け・特定が不透明になる。

また、例えば、「音韻ループ」についても、これを単なる「中央実行系」に従属するシステムとしてではなく、内言を媒介として行動制御の機能をも有するシステムとして見直す（三宅、二〇〇〇）作業もまたなされているようである。

ワーキングメモリにおける制御機能は、「中央実行系」の分担として考えられてきているが、「中央実行系」の働きについてはいま一つはっきりしないところがある。今後、より詳細な研究が必要なことはバッドレー自身も認めているところであり、自らもその検討を試みている（Baddeley, 1996）。

このように、「ワーキングメモリ」をめぐる研究は、現在の「認知理学」の分野において、最もホットな研究課題を取り扱っていることになる。これらの研究成果が、「認知心理学」の理論的側面を飛躍的に発展させることは、あらためていうまでもなかろう。

〔4〕 なぜ「メタ認知」なのか

この認知変数は、これまでは特に認知変数と声高にいわれてきてはいない多くの問題にかかわっている。例えば、いくつか挙げてみよう。

① 「知能」の一般因子

② 「展望的記憶」のモニタリング機能

③ 「ワーキングメモリ」のサブシステムである「中央実行系」

いずれも、人間が情報を処理していく流れの中で、知的、管理的、司令塔的な役割を果たしている機能である。考えてみれば、このような作業はなにかを対象として行うわけであるから、その対象が認知過程の中に取り込まれた情報であれば、この情報に対応している外界の刺激から「たたみ込んで」いけば、「認知（外界の刺激を表象する）の認知（前者の結果による内的過程に存在する情報をモニターし、適切な反応を出力する）」と表現できる作業となる。すなわち、「メタ認知」の内容をその働きの中に本来的に内包していることになるのである。

このようななんらかの意味で「知的」機能を受け持つ部分をわれわれの内的過程の中に想定する際に、不可避的に思考の進めの中に入ってくるのが、われわれの中に存在する「もう一人の私」の問題である。すなわち、「小人化主義」の問題である。これを避けるためには、例えば、知能の構造に関するギルフォードの「知性の構造論」のように、すべてが「特殊因子」から成り立っていると想定することである。すなわち、それら「特殊因子」の上に立ついわゆる「一般因子」のようなものを考えないことである。しかしながら、本当にわれわれの「知能」もしくは「知的作業」全体を「特殊因子に還元しつくすことができるのであろうか。この考え方は、一時代前の心理学におけるヴント流の「要素主義」もしくは「構成主義」の現代版のように思えなくもない。

この間題は、「認知の認知」という「メタ認知」の概念的定義の根幹にかかわる問題でもある。そもそもここでいう「メタ」とは、「より先にある」というか「より上位にある」といったような意味を表現するためにつけられているのであろうから、「メタ認知」の概念は明らかに認知についての「階層的構造」を想定しているのである。しかしながら、そのような階層性を想定すると、認知する側にかかわる「なにか主体的な感じのする」ものと、認知される側にかかわる「なにかその対象となる感じのする」ものとの区別が生じ、その関係を考えねばならなくなる。ということは、すでに、知らず知らずのうちに「小人化主義」の敷地に足を踏み入れてしまっていることになるまいか。それを避けるためには、先に見たようなギルフォード流の、いってみれば「『要素間の上下関係』を想定しない『要素平等主義』」？　とでも表現できるような考え方に立つか、以下に述べるようないってみれば「『相対的な上下関係』を想定する『役割交替主義』」？　とでも表現できるような考え方に立つしかあるまい。

後者の考え方は、「メタ認知」と「認知」は「情報の流れ」によって関係付けられており、この関係は双方向的で、情報の流れ方によって「メタ認知」と「認知」の役割が入れ替わるというものと思われる（Nelson & Narens, 1990；岡本、二〇〇二）。このことにより、「メタ認知」と「認知」とが同列に並び、いわゆる「上・下」や「主体・対象」といったことの「絶対的関係」から脱せるというわけであろう。しかしながら、時間軸上かなりの長さでプールして並べれば、機能的には同列であっても、情報処理のプロセスが一つの方向に継続して作動している「ある程度の」長さの時間内では、歴然と「上・下」もしくは「主体・対象」の関係が存在していることになる。ということは、このような考え方をとっても、本質的には、「小人化主義」の敷地から脱出できたことにはならないのではなかろうか。見方によっては、さらに複雑な「『二人』小人化主義」の敷地に迷いこんでしまう危険がないのであろうか。

第23章

『情報人間科学』

〔1〕 最も新しい情報関連機器であるマルチメディア機器とはなんだろう？

ディジタル処理しているか否かは別として、この内容は、いってみれば、「人間の」情報処理形態そのものを表現していることにならないであろうか。人間は、文字・映像・音声という三種の情報をじつに巧みに有機的に関連付けて利用しているのである。その形態を考えてみよう。現代におけるマルチメディア機器とは、文字情報・映像情報・音声情報という三つの情報をディジタル処理することによって同じ土俵に乗せ、コンピュータの媒介の下に有機的に関連付けるようなメディア形態を目指しているように思われる。

情報処理機器は、その形態を作り出すことが最終目標とされるのではなく、その形態を利用することが最終目標とされるものであろう。もっともエンジニアの中には情報処理機器の形態を作り出すことのみに目標を置いているとしか思えない人々もいる。情報処理機器は「人間」（ユーザ）となにかを連結するための一つの道具なのではなかろうか。ところが、道具が先にできてしまい（開発されてしまい）、後から可能な「なにか」を探している気味がある。マルチメディア機器がこの典型例である。したがって、この「なにか」に関連するところの人間（ユーザ）の特性というものを情報処理機器の具体的な形態の中に考慮していくという作業が、抜け落ちてしまっている場合があるのではないだろうか。

情報処理機器の最終的機能は、人間を取り巻く社会的環境と人間とを連結する（媒介する）ということではなかろうか。

〔2〕『情報人間科学』の必要性

人間と「なにを」連結するかということの「なにか」が抜け落ちている状態でも情報処理機器の工学的開発は可能である。この機器ではこれこれのことができ、きっと人間にとって便利になるだろうという設計者の考えによって（時として、いやむしろしばしば、一人よがりな考えのもとに）設計が行われる。しかし今後は、「なにを」という点についても十分に考慮することが必要であろう。さらには

① なんのために
② その効果
③ 人間にとっての意味
……

といったような問題意識がかかわるべきであろう。すなわち、単なる工学や計算機科学だけではなく、哲学、社会学、心理学、教育学、等々の視点も取り込んだより「総合学」的な体系としての

「情報の人間科学」が必要となるのではなかろうか。この考え方を、「うずまきパンモデル」として、図式的に表したものが図23・1である。著者は、この種の、情報という切り込み口から見た人間科学の分野を特に指して『情報人間科学』という名称を用いている。

図に示すように、学問的営みの進展はまず、ステップ1として、個別科学的な規模において、分析的パラダイムをおもに用いて発達してきたハードウェア中心のディシプリン（例えば、工学、理学、生物学等）が活動する学問的な場（図では「プラットフォーム」という表現を用いている）の整備が進行しよう。ここでは、人間と生活世界の連結や媒介の目的に沿って使用が可能な「構成素」の発見・開発が行われよう。つぎに、このいわば「分析プラットフォーム」とでもいえるプラットフォームを基盤として（もしくは包含して）、さらに大きなプラットフォームである「システムプラットフォーム」が発達しよう。このプラットフォームでは、例えば、情報科学やシステム科学といったようなディシプリンも加わった活動が行われ、人間となにを連結・媒介するのかということを考える、いわば中規模総合学としての営みが可能となろう。その後に、このシステムプラットフォームを基盤として（もしくは包含して）、さらに大きなプラットフォームである「人間プラットフォーム」へと発達する。このプラットフォームでは、例えば、心理学、社会学、教育学、哲学といったようなディシプリンも加わった活動が行われ、人間にとっての意味を考える、より大規模な総合学の営みが可能となろう。

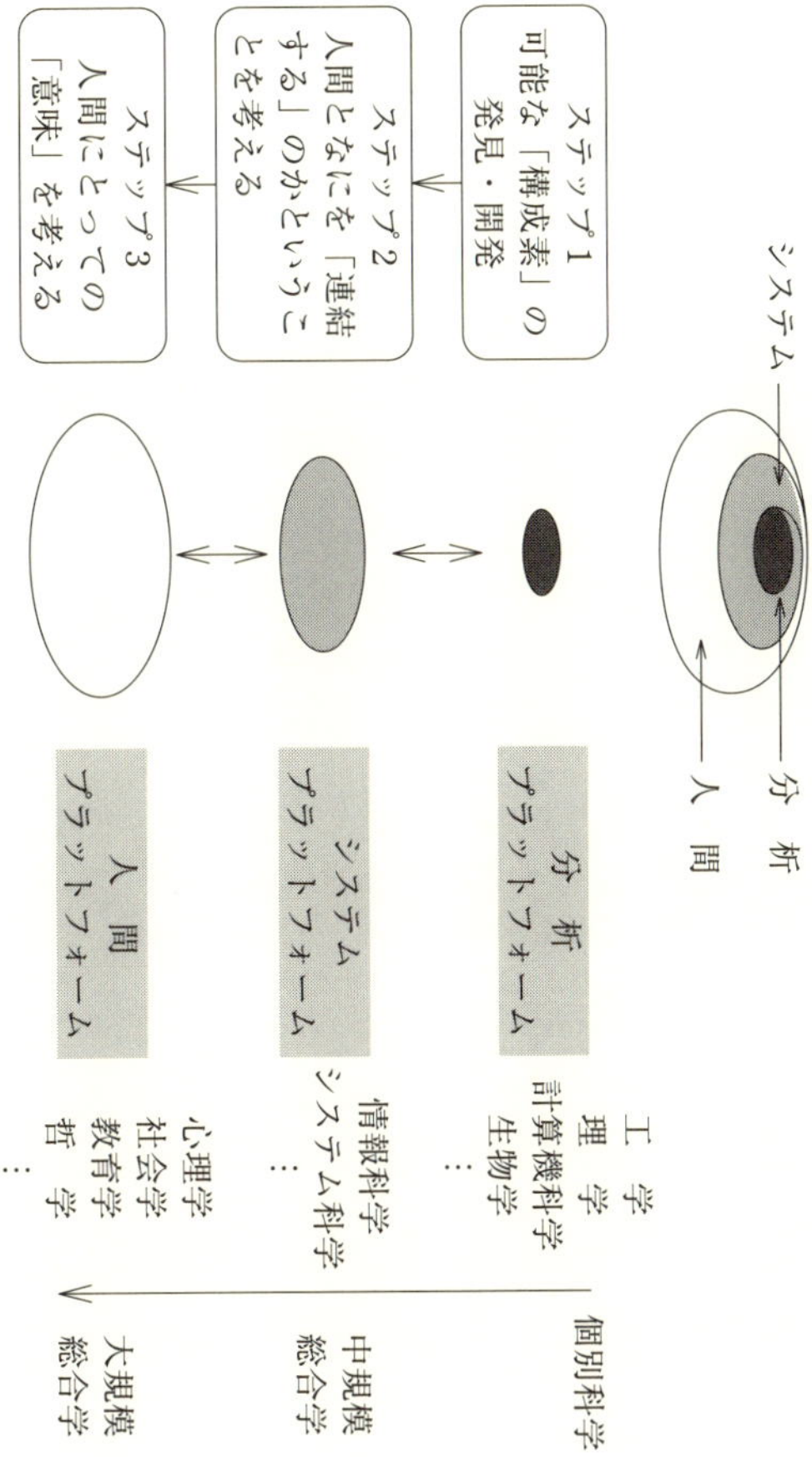

図23.1 『情報人間科学』の発展段階を概念的に示した「うずまきパンモデル」

これら、三つのプラットフォームはたがいに独立してバラバラに存在するというより、その発展方向に沿ってたがいに関連的に並存し、全体として「一つの学問的営み」を構成しているのである。このイメージを比喩的に「うずまきパン」に重ねて概念的に表現したものが「うずまきパンモデル」なのである。

『情報人間科学』は、いってみれば、現在、ステップ1から抜け出し、ステップ2に入りつつある段階のように、著者には思われる。

〔3〕『情報人間科学』は「総合学」として装う

『情報人間科学』は、「総合学」の学問形態をとろう。では、一体、「総合学」とはなんだろうか？　一九四二年にスティーブン・C・ペッパーが『世界仮説』という独創的な哲学書を著して、その中で「ルートメタファー（根本隠喩）」という概念に言及している。すなわち、ペッパーによれば、哲学、美学、価値などにかかわる分野におけるあらゆる世界観は、いくつかの基本的な（根本的な）隠喩に基づいて発想されており、このルートメタファーとしては、①フォーミズム、②機械論、③有機体論、④文脈主義の四つが考えられるという（Pepper, 1942, 1973）。

ペッパーによれば、この四つのルートメタファーのうち、フォーミズムと機械論は「分析的な」世界理論であり、有機体論と文脈主義は「総合的な」世界理論ということになる。ある「学問」を構築するということは一種の「世界理論」を構築することと同じである。それゆえ、いままでの学問の流れを見ると、ペッパーの目を借りれば、「分析的」と「総合的」の二方向が認められ、先に見た四つのルートメタファーのいずれかの立場に立っていることがわかる。自然科学的行き方は、ルートメタファーとして機械論を用いているがゆえに、「ハードフォーカスト（ハード焦点的）」であり、「アナリシスオリエンティッド（分析志向的）」であった。この行き方はそれなりの実績を積み上げてきた。

しかし、近年に至ると、「もの」から「ひと」への視点の移行が見られる。そのため、ルートメタファーも機械論に限らず（あるいは機械論よりもいっそう）、有機体論や文脈主義が用いられる傾向がある。この傾向はさまざまな学問領域に波及し、「ソフトフォーカスト（ソフト焦点的）」な、また「シンセシスオリエンティッド（総合志向的）」な学問形態への志向性が高まってきている。すなわち、狭い学問の枠組みを超え、さまざまな学問分野を柔軟に横断する「総合学」への期待が高まっているのである。『情報人間科学』の視点も、学問世界におけるこの大きな流れの中に位置付けて考えることができよう。

〔4〕「総合学」は「ドレッシングモデル」で考えるとよい

異領域のもの（ドレッシングの構成素）は揺すっていると混ざる。混ざると個別のものとは異なる独特な風味が醸し出される。しかし、いつも混ざっている必要はない。必要なときに揺すり、混ざればよいのである。

このとき、問題となるのは「揺する力」である。これには、学問自体の必然性に起因する「内在的なもの」と、さまざまな「外圧」による「外来的なもの」とが区別されよう。外圧となり得るものとしては、例えば、まず社会の圧力や時代の風潮といったものが考えられよう。さらに、そのときの社会において生起しているさまざまな問題の中には、その解決のために、総合的対応もしくは総合的プロジェクトの実施を避けて通れないものもあろう。

〔5〕『情報人間科学』は社会環境と人間を媒介する「連結学」を演じる

人間は社会環境に適応しつつ生存を図る。そのためには、社会環境に働き掛けを行うし、社会環境からの影響も受ける。現代の社会環境は科学技術の発展により目まぐるしく変わる。変化量も変化速度も非常に大である。この変化する社会環境への人間の側の対応が必ずしもスムーズにいかないところが問題となる。人間は物質的豊かさへの志向だけではなく精神的豊かさへの志向も有するところから話は複雑になる。すなわち、物質的豊かさが必ずしも精神的豊かさを保証するものではないことにわれわれは注意を払わねばならない。

近年注目を集めている

① テクノ社会に起因するストレスの問題
② 長寿時代におけるライフスタイルの問題
……

などはその良き例である。これらの問題の解決のためには、社会環境と人間のインタラクションをスムーズに行うための媒介学、連結学が必要となる。そして、社会環境と人間のインタラクションをスムーズに行うことのベースには、人間の認識や認知といった情報処理にかかわる「総合学的」知見が不可欠なものとなる。この種の学問的営みを志向する総合学として、『情報人間科学』が今後大きく飛翔することが期待される。

〔6〕『情報人間科学』的課題の例

先に見たような、環境と人間を連結する『情報人間科学』が取り上げるべき多くの課題のうちの一つとして、例えば、「インテリジェントスクール」の問題があろう。

近年
① 所得水準の向上
② 自由時間の増大

③　高齢化の進行
④　価値観の変化（精神的豊かさへの欲求）

等々に伴い人々の学習意欲が増大している。このような状況における学習というものは

①　強制されるのではなく、各人の自発的意思に基づく
②　自己に適した手段や形態が選択される
③　生涯を通じて遂行される

といった条件を満たしていることが求められよう。

この種の要件への対応は、高度化した科学技術の支援なくしては不可能である。例えば

①　コンピュータ
②　高度情報通信網
③　通信衛星
④　放送衛星

等々が有機的に連関した姿で利用されるであろう。

そして、このような支援を有効に利用していく場としては、多機能化、高機能化された「スクール」がその役を担うであろう。この種のいわゆる「インテリジェントスクール」の形態として重要な点は、従来のさまざまな教育・学習機会を「統合化」するという視点の導入である。すなわち、

従来は個別的機能を果たすにとどまっていた、例えば

①　学校教育・学習

②　インターネットによる教育・学習

③　社会教育・学習

④　文化教育・学習

⑤　スポーツ教育・学習

等々を有機的に連関させたハードやソフトの開発・整備であろう。

また、この種のインテリジェントスクールの機能として重要な点は

①　「主体的な学習」を可能にする

②　「創作活動」が行える

ということである。①でいう主体的な学習可能性とは、人々が自らの学習意欲を基にして自発的、自立的に学習できるということを意味する。例えば、学習者がいつでも自由に利用できるような豊富な「学習メディア」を備えること（例えば e-ラーニングのインフラ整備）や、多様な学習プログラムの展開や個別的な実習的体験を可能にさせるソフトなどが重要となる。他方、②でいう創作活動の可能性とは、人々が自己実現の可能性を見いだし、また、自己の能力を新たに開発していくために、「芸術的」創作活動ができることが重要となる。例えば、色彩、空間、音等の有機的理

解やデザインは人間の新たな能力、特に情報処理能力の育成に役立つと思われる。このような情報処理能力の育成に役立つ仕掛けの開発は、『情報人間科学』の取り組むべき一つの重要な課題の例である。

環境と人間を連結する『情報人間科学』が取り上げるべき課題の例を、最近の事象からもう一つ挙げておくなら、「ボランティア人間科学」とでもラベル付けできる分野における問題があろう。具体的なテーマの例を以下に箇条書きにしてみよう。

(1) ボランタリー行動の問題

① 内発的動機付けからの検討

② 援助活動、愛他的行動からの検討　等々

(2) ボランティア活動の組織化の問題

① 情報のネットワーク化の検討

② 社会福祉としての行政上・制度上の検討　等々

(3) ボランティア活動と結び付けた社会の問題

① 教育の問題

② 社会教育施設の配置や設計内容の検討

③ 社会教育カリキュラムの検討　等々

以上にその例を見たこれら諸問題に関する研究の必要性は、今後ますます高まっていくことが推測される。そして、これらの研究が生産的な成果を上げていくためには、総合学的に取り組んでいくことが必要不可欠な要件となる。その要件を備えた学問的な場こそが本書でいう『情報人間科学』なのである。

第24章

「連結学」としての人間科学の必要性

〔1〕 諸世界の「ボーダレス化」

「総合学」志向は「学問世界」のボーダレス化ともいえないであろうか。現代では学問だけでなく「生活世界」そのものがボーダレス化されつつある。

例えば，物理的な「昼」と「夜」は存在しても，「生活世界」における昼と夜すなわち「活動のための時間帯」と「睡眠のための時間帯」とは，現代社会では個々人が好きに設定しても生活が成り立ち得るという意味で，ボーダレス化されている。

生物学的な「男性」と「女性」は存在しても，「生活世界」における「男性性」や「女性性」は職業，家事，育児の分担から髪型，服装，趣味等々に至るまでボーダレス化されつつある。

また，目を転ずれば文化交流や経済交流を通じて「国」とか「政治」というもののグローバリゼーションが進展している。この「国際化」も一種のボーダレス化現象と考えられまいか。

また一方，日本では，最近のデータに基づいた推計によると，約三〇年後には六五歳以上の高齢者が総人口の四分の一ほどになるという。すなわち四人に一人が六五歳以上というわけである。四人に一人といっても生まれたての乳児も含めて数えた数である。成人し，社会的活動をしている人々で，年齢も六〇歳以上とすれば，二人に一人といった比率になるかもしれない。これも人口における一種のボーダレス化といえまいか。

現代は高度情報化時代といわれている。コンピュータやメディアの発展により、多くの人々が多くの同じ情報に接する機会が増えたことは情報のボーダレス化を引き起こしていないだろうか。人間ではなくコンピュータと対話する時間帯が増えつつあるということや、高度情報化の極として「本物の」「仮想現実（virtual reality）」の仕掛けが実現することにでもなれば、これは「生活世界」自身についても「仮想世界」に対しボーダレスになるといえまいか。

〔2〕「ボーダレス世界」であるがゆえに求められる「連結学」

現代社会において作用している「国際化」、「高齢化」、「情報化」といった要因はわれわれの「生活世界」をボーダレス化する方向に向け作用している。

ボーダレスということは支配的選択肢が存在しないという意味で不確実な状態といえる。それゆえ、その条件下の人間の精神は安定感に欠け、ストレス状態に置かれる可能性がある。このことは、現代社会は不確実性の中に安定感を覚えるような逆説的感性を人に求めているといえないであろうか。

他方、見方を変えれば、ボーダレス化は、支配的選択肢が存在しないという意味からして「多様化」の前提条件となる。このような二面性を有する「生活世界」のボーダレス化の中で、安定した精神の上に成り立つ「多様化」を実現するためにはどうしたらよいのであろうか。そのためには、われわれ人間と環境とを適切に媒介する仕掛けとしての「連結学」もしくは「媒介学」が必要となろう。

〔3〕「連結学」としての人間科学は「総合学」の形態をとる

人間科学は「機能的」には，このような連結学としての役割を担い得る学問ではなかろうか。また，そのためには，「形態的」には総合学としての道を歩むことになろう。

いままでの科学史の中では，総合学は分析中心傾向に対するアンチテーゼとして，その考え方は以前より存在はしていたが，現代ほどそれが意識されている時代はない。それは人間に関する諸科学の主張が分析に走りすぎ，人間の全体像が見えなくなってきたからにほかならない。

しかし，「総合」とはなんなのだろうか。「総合」というからには，すでに「部分」の存在を前提にしている感がある。「部分」を知るためには「分析」という手段が採られる。「全体」を知るためにはいかなる手段が採られるのか。そのような手段は実際には存在するのか。「全体」とは部分の集合であろうか？　そうであれば，話は明解である。

このような問題意識は心理学の歴史の中では，ヴントの要素主義の考え方とヴェルトハイマーらのゲシュタルト心理学の考え方との対立に酷似している。ヴェルトハイマーの有名な実験に仮現運動の実験がある。いま，L字のように直角にその端点を接触させる布置をとった垂直線分aと水平線分bを適当な時間間隔下でa→bと順次提示したとする。すると、線分aがパタッと倒れて線分bの位置に運動したように見えるのである。この運動は、線分aと線分bという部分の経験から成り立ってはいない。全体の経験をそのままの対象にしなければその真の姿には接近できない。

さらに例を挙げれば、絵画の場合はどうであろうか。その絵画の中にはさまざまな物体が描かれ、それぞれはある形と色とを有していよう。しかし、われわれは、その絵画を見るときに単なる形や色のパッチの集合として見ているのではない。全体としてあるまとまりをもった意味のある一つのシーンとして見ているのである。これは、その絵画を本当に知るためには、部分としての色や形を知っても不可能であることを表している。しかし、このことは、部分に向かうことが不必要といっているのではない。現に、われわれは、絵画の部分に焦点化して見ることもあるのである。そして、このことが絵画全体としての理解を深めることにもなるのである。

これらの例を見るまでもなく、部分の認識と全体の認識は対立するものとしてではなく「弁証法」的に「止揚」させて理解しないと、いつになってもこの「業」の悩みからは抜け出せないであろう。それゆえ、両者とも必要であり、両者の区別をあまり意識することなく研究するという「しなやかな」研究姿勢が大事となろう。言い換えれば、「総合学」を構築しようという学問的営みにおいては、この「業」をしっかりと背負う覚悟が必要なのである。

〔4〕「総合学」の「業」の背負い方数例

前述のことの実現のためにはいくつかの手だてがとられてよい。いろいろと考えられようが、容易に思いつく例を五つ挙げてみよう。

① 「連結学」としての認識を高める。

② 「中規模程度」の具体的テーマを設定する。

③ 研究組織をあまり大きくしない。

④ 異領域との連携を強制的に必要とするしかけ（例えば、制度やプロジェクト）を工夫する。

⑤ 「分析」と「総合」を対立的にとらえないような考え方を教育の早期においてトレーニングする。

これらのうち、④と⑤についてもう二～三言ずつ付け加えておきたい。まず、④であるが、異領域との連携を強制的に必要とする仕掛けとしては、例えば「大学」という場であれば、以下のようなことが考えられる。

(1) カリキュラムについて、学生は領域横断的に単位を取らないと卒業できないシステムにする。

(2) 教員のほうは異領域のものが同一フロアに個人研究室を持つようにする。

(3) 異領域の人と組んだ学術出版上の冒険を試みる。
(4) 時限的な条件の中で、異なった講座や研究部門を合体させる（「プラグ式連携」）。
(5) 共通の問題意識を持つ教員・学生や研究者の情報交換組織を構築する。
(6) 総合学的領域の専門家（研究者・実践家）の就職先を確保する。
⑤の分析と総合を対立的にとらえないような考え方の早期のトレーニングについては、例えば以下のようなことが考えられる。
(1) 小、中、高のカリキュラムを見直し、複数科目の合併的授業を工夫する。「環境教育」といったようなものはこの例に該当しよう。
(2) 大学のカリキュラムを見直し、個別科学の授業と並行して総合学的科目も入れ込む。大学教育の早い時期に、基礎教育科目として、個別の専門科目をわかりやすくし、異領域のものと組み合わせたような授業メニューを用意することは、この例に該当しよう。

第25章

諸「連結学」

―「心理学」と「生活の人間科学」と「人間生活工学」―

〔1〕「心理学」と「生活の人間科学」

心理学は究極的には人間を理解するための学問である。人間について理解するという作業においては、多くの人々がそれぞれの意見というものを持ちやすい。同じことは、同様な目的の学問である哲学や社会学についてもいえる。それゆえ、心理学、哲学、社会学といった領域は、その基本的考え方において、たがいに交絡し、相互に影響し合う。すなわち、人間をめぐるさまざまな問題は多視点からの接近が可能である。逆説的にいえば、多視点から攻めて、はじめて人間に関する普遍な「なにか」が理解できることになる。

彫刻の像や建築物を見る場合を一つのアナロジーとして挙げておこう。われわれは、像の周囲を巡ることにより、また建築物の中を歩きまわることにより、多視点からの観察を行い、一つの像としての、また一つの建築物としての普遍ななにかを感じ取っているのである。このように、既成の多くの研究領域を横断する総合的な探求が「人間理解」には必要条件となるのである。この種の学問的信念は、「人間科学」という総合学を支えている考え方と重なる。

心理学は「こころ」を扱う学問であるから、当然のことながら「生きている」人間の理解を目指すことになる。物としての人間の理解は、あくまで「生きている」人間の理解のためにある。すなわち、心理学は究極的には「生活をする」人間の理解を目指すべきである。言い換えれば「生活の人間科学」の中に位置付けられるべきである。そしてこの「生活の人間科学」をengineeringという表現型に乗せたものが「人間生活工学」にほかならない。

さらには、この領域において、「情報」というものにかかわる学問的関心が、本書のいう「情報の人間科学」と重なり合ってくることはあらためていうまでもない。

「生活の人間科学」と「心理学」とを連結した一つの形態として、ナイサー（Neisser）のいう「生態学的妥当性」を目指す研究姿勢が挙げられよう。これは、自然的（日常的）状況や文脈の中での認知（日常認知・状況認知）の研究を重視する立場であり、その発想のルートメタファーは「文脈主義」にあると考えられる。

かつて、ヴント（Wundt）流の要素主義的・構成主義的（分析的、ルートメタファーは機械論?・）研究姿勢に抗して、全体主義的・自然主義的（総合的、ルートメタファーは文脈主義?・）研究姿勢が主張された時代があった。現象をあるがままに観察することから出発するルビン（Rubin）流の実験現象学がそれである。現在も、「生活する人間」のあるがままの情報処理活動を観察するところから出発する研究姿勢が「認知心理学」の人々によってとられている。この種の日常（状況）認知に関する実証研究は「生活の人間科学」と「心理学」とを止揚した一つの形態といえまいか。

〔2〕 現代もしくは近未来における「人間生活工学」

先に触れたように、「生活の人間科学」を engineering という表現形に乗せたものが「人間生活工学」と考えられる。この領域が取り扱うべき問題として、特に現代もしくは近未来において人間が直面し、社会全般に及んでいくと思われる具体的な例をいくつか選び、以下に列挙してみよう。

第一番目は、地球環境保全の問題である。いかにして、現在進行中の地球規模の環境破壊を食い止め、さらに自然環境に調和した形での人間活動を可能にするかという問題である。

第二番目は、特に日本において切実な問題となりつつあるものであるが、出生率の低下に伴う労働人口の減少と老年人口比率の極端な上昇の問題である。

第三番目は、交通機関の発達やコンピュータを基盤とする情報処理速度の増大などによる社会テンポの加速化の問題である。

第四番目は、情報・娯楽産業の肥大や生活スタイルの変化などによる「眠らぬ都市」化に伴うさまざまな問題である。

第五番目は人的・物的流れの首都圏への一極集中と地方の過疎化の問題である。

第六番目は、豊かな生活を希求するための年間労働時間の短縮に伴う余暇のあり方やその利用の問題である。

第七番目はコンピュータの発展に支えられて急速に進展しつつある高度情報化、インテリジェント化、自動化といったような、いわゆるテクノロジーの問題である。

このような問題に伴い生じる人間をめぐる課題とは、一口でいえば、「人間」と以上で見たような「問題的（生活）環境」との間のよき「連結」を企てるための「インタフェース」の工夫ということになろう。すなわち、「人間生活工学」はこのような連結学（媒介学）としての役割期待に応えねばならないのである。

引用・参考文献

Ali, M. R., & Amir, T.（1989）. Effects of fasting on visual flicker fusion. *Perceptual and Motor Skills*, **69**, 627–631.

Baddeley, A. D.（1986）. *Working Memory*. Oxford, UK : Oxford University Press.

Baddeley, A. D.（1992）. Working memory. *Science*, **255**, 556–559.

Baddeley, A. D.（1996）. Exploring the central executive. *Quarterly Journal of Experimental Psychology*, **49 A**, 5–28.

Baddeley, A. D.（2000）. The episodic buffer : A new component of working memory? *Trends in Cognitive Sciences*, **4**, 417–422.

Baggett, P.（1984）. Role of temporal overlap of visual and auditory material in forming dual media associations. *Journal of Educational Psychology*, **76**, 408–417.

Bandler, R., & Grinder, J.（1982）. Reframing : Neuro-linguistic programming and the transformation of meaning.（翻訳として、吉本武史・越川弘吉訳（一九八八）リフレーミング―心理的枠組みの変換をもたらすもの　星和書店　がある）

Bandura, A.（1971）. Analysis of modeling processes. In A. Bandura（Ed.）, *Psychological modeling : Conflicting theories*. Chicago : Aldine Atherton.（翻訳として、原野広太郎・福島脩美（訳）（一九七五）モデリングの心理学　金子書房　がある）

Bandura, A.（1972）. Modeling theory : Some traditions, trends, and disputes. In R. D. Parke（Ed.）, *Recent trends in social learning theory*. New York : Academic press.

Beck, A. T., Rush, A. J., Shaw, B. F., & Emery, G. (1979). *Cognitive therapy of depression*. New York : Guilford Press.

Bethell-Fox, C. E., & Shepard, R. N. (1988). Mental rotation, Effects of stimulus complexity and familiarity. *Journal of Experimental Psychology : Human Perception and Performance*, **14**, 12-23.

Birch, L. L. (1979a). Dimensions of preschool children's food preferences. *Journal of Nutrition Education*, **11**, 91-95.

Birch, L. L. (1979b). Preschool children's preferences and consumption. *Journal of Nutrition Education*, **11**, 189-192.

Birch, L. L. (1980). Effects of peer models' food choices and eating behaviors on preschoolers' food preferences. *Child Development*, **51**, 489-496.

Bower, G. H., Black, J.B., & Turner, T. J. (1979). Scripts in memory for text. *Cognitive Psychology*, **11**, 177-220.

Braverman, B. B., Harrison, M. F., Bowker, D. O., & Herzog, M. (1981). Effects of language level and visual display on learning from captioned instruction. *Educational Communication and Technology Journal*, **29**, 147-154.

Bruner, J. S., & Goodman, C.C. (1947). Value and need as organizing factors in perception. *Journal of Abnormal and Social Psychology*, **42**, 33-44.

Brünken, R., Steinbacher, S., Plass, J. L., & Leutner, D. (2002). Assessment of cognitive load in multimedia learning using dual-task methodology. *Experimental Psychology*, **49**, 109-191.

Corballis, M. C., Anuza, T., & Blake, L. (1978). Tachistoscopic perception under head tilt. *Perception & Psychophysics*, **24**, 274-284.

Corballis, M. C., Nagoury, B., Shetzer, L. I., & Stefanatos, G.（1978）. Mental rotation under head tilt : Factors influencing the location of the subjective frame reference. *Perception & Psychophysics*, **24**, 263–272.

Daneman, M., & Carpenter, P. A.（1980）. Individual differences in working memory and reading. *Journal of Verbal Learning and Verbal Behavior*, **19**, 450–466.

d'Ydewalle, G., & Gielen, I.（1992）. Attention allocation with overlapping sound, image, and text. In K. Rayner（Ed.）, *Eye movements and visual cognition*. New York : Springer–Verlag. pp. 379–397.

Festinger, L.（1957）. *A theory of cognitive dissonance*. Row, Peterson, Evanston, IL.（翻訳として、末永俊郎監訳（一九六五）認知的不協和の理論　誠信書房　がある）

Friederici, A. D., & Levelt, W. J. M.（1987）. Resolving perceptual conflicts : The cognitive mechanisms of spatial orientation. *Aviation, Space, and Environmental Medicine*, **58**, A164–169.

Glenberg, A. M., & Epstein, W.（1987）. Inexpert calibration of comprehension. *Memory & Cognition*, **15**, 84–93.

Gourdner, A. W.（1970）. *The coming crisis of western sociology*. New York : Basic Books Inc.（翻訳として、社会学の再生を求めて（一九七四、一九七五）1. 社会学＝その矛盾と下部構造（岡田直之・田中義久訳）、2. 機能主義社会理論の批判（矢沢修次郎・矢沢澄子訳）、3. 自己変革の理論へ（栗原　彬・瀬田明子・杉山光信・山口節郎訳）　新曜社　がある）

Greenfield, H., Maples, J., & Wills, R. B. H.（1983）. Salting on food : A function of hole size and location of shakers. *Nature*, **301**, 331–332.

林　達夫ほか（監修）（一九七一）哲学辞典　平凡社

Herzog, M., Stinson, M. S., & Keiffer, R.（1989）. Effects of caption modification and instructor intervention on comprehension of a technical film. *Educational Technology and Development*, **37**, 59–68.

樋口伸吾（一九七九）芸術におけるイメージ　大阪大学人間科学部紀要、**五**、pp.三一七–三四六

Hoffman, J. E. (1980). Interaction between global and local levels of a form. *Journal of Experimental Psychology : Human Perception and Performance*, **6**, 222-234.

北條礼子（一九九一）画像研究の復活　視聴覚教育、**四五**、pp.二四–二七

井上紘一・高見　勲（一九八八）ヒューマン・エラーとその定量化　システムと制御、**三二**、pp.一五二–一五九

Ito, H. (1988a). An analysis of eye movements during watching educational TV programs. *Research and development division working paper of the National Institute of Multimedia Education*, 001-E-88.

Ito, H. (1988b). An analysis of eye movements during educational TV programs. *Abstracts of the XXIV International Congress of Psychology*, Sydney.

伊藤秀子（一九九〇）テレビ学習における眼球運動と視聴覚情報処理　放送教育開発センター研究報告、**一八**、pp.七一–八二

Ito, H. (1991). An analysis of eye movements while watching educational TV programs. *Bulletin of the National Institute of Multimedia Education*, **5**, 147-162.

Ito, H. (1993). Effects of visual and auditory presentation on viewer's learning. *Research and development division working paper of the National Institute of Multimedia Education*, **041-E-93**, 1-31.

Just, M. A., & Carpenter, P. A. (1976). Eye fixation and cognitive processes. *Cognitive Psychology*, **8**, 441-480.

Kaufman, L., & Rock, I. (1962). The moon illusion. *Scientific American*, **207**, 120-130.

Kelley, E. C. (1947). *Education for what is real*. New York : Harper & Bros.

Kinchla, R. A., Solis-Macias, V., & Hoffman, J. E. (1983). Attending to different levels of structure in a visual image. *Perception and Psychophysics*, **33**, 1-10.

Koffka, K.（1936）. *Principles of Gestalt psychology*. London : Routledge & Kegan Paul.（翻訳として，鈴木正彌監訳（一九九八）ゲシュタルト心理学の原理　福村出版　がある）

Kuhn, T. S.（1962）. *The structure of scientific revolutions*. University of Chicago Press.（翻訳として，中山茂訳（一九七一）科学革命の構造　みすず書房　がある）

Lee-Sammons, W. H., & Whitney, P.（1991）. Reading perspectives and memory for text : An individual differences analysis. *Journal of Experimental Psychology : Learning, Memory, and Cognition*, **17**, 1074–1081.

Levie, W. H., & Lentz, R.（1982）. Effects of text illustrations : A review of research. *Educational Communication and Technology Journal*, **30**, 195–232.

Lindsay, P. H., & Norman, D. A.（1977）. *Human information processing : An introduction to psychology*. 2nd ed. New York : Academic Press.（翻訳として，中溝幸夫・箱田裕司・近藤倫明（訳）（一九八三）情報処理心理学Ⅰ　感覚と知覚（第２版）　サイエンス社　がある）

Mayer, R. E., & Moreno, R.（1998）. A split-attention effect in multimedia learning : Evidence for dual processing systems in working memory. *Journal of Educational Psychology*, **90**, 312–320.

Mayer, R. E., & Sims, V. K.（1994）. For whom is a picture worth a thousand words? Extensions of a dual-coding theory of multimedia learning. *Journal of Educational Psychology*, **86**, 389–401.

McBeath, M. K.（1990）. The rising fastball : Baseball's impossible pitch. *Perception*, **19**, 545–552.

McCloskey, M., Caramazza, A., & Green, B.（1980）. Curvilinear motion in the absence of external forces : Naive beliefs about the motion of objects. *Science*, **210**, 1139–1141.

三宅　晶（二〇〇〇）ワーキングメモリ：過去，現在，未来　苧阪直行（編著）脳とワーキングメモリ pp.三一一-三二九，京都大学学術出版会投石保廣（一九九二）「基準」を失った世界―精神分裂病　中島義明・井上　俊・友田泰正（編）人間科学への招待　有斐閣 pp. 四七-四九
中島義明（一九八五）上下反転眼鏡着用被験者の視覚体験　大阪大学人間科学部紀要、一一、pp. 三九-五二
中島義明（一九八七）直観物理学―運動軌道の認知―　大阪大学人間科学部紀要、一三、pp. 七九-一〇七
中島義明・井上雅勝（一九九三）映像視聴時の視覚行動　文部省科学研究費　重点領域研究「情報化社会と人間」（一〇三）第2群「高度情報化社会における人間行動の変化」平成四年度合同成果報告書、pp. 二五五-二六九
中島義明・井上雅勝（一九九四）映像と認知負荷　文部省科学研究費　重点領域研究「情報化社会と人間」（一〇三）第2群「高度情報化社会における人間行動の変化」平成五年度合同成果報告書、pp. 二七二-二九二
中島義明・太田裕彦・井上雅勝（一九九〇）動画像情報の処理と記憶に対する言語情報の効果　大阪大学人間科学部紀要、一六、pp. 六五-八九
中村敏枝（一九八三）標題音楽の聴取について―作曲者の意図の伝達と標題の効果―　大阪大学教養部研究集録、三一、pp. 二五-四〇
Navon, D.（1977）. Forest before trees : The precedence of global features in visual perception. *Cognitive Psychology*, **9**, 353–383.
Navon, D.（1981）. The forest revisited : More on global precedence. *Psychological Research*, **43**, 1-32.
Nelson, T. O., & Narens, L.（1990）. Metamemory : A theoretical framework and new findings. *The Psychology of Learning and Motivation*, **26**, 125–141.
岡本真彦（二〇〇二）メタ認知研究の展開―メタ認知の教育的意義とその教授法―　教育システム情報学会誌、一九、pp. 一七八-一八七

Pavio, A. (1971). *Imagery and verbal processes*. New York : Holt, Rinehart & Winston.

Pavio, A. (1986). *Mental representation : A dual coding approach*. New York : Oxford University Press.

Pepper, S. C. (1942). *World hypothesis : A study in evidence*. Berkeley : University of California Press.

Pepper, S. C. (1973). Metaphor in philosophy. *Dictionary of the history of ideas*. Charles Scribner's Sons.

Perry, W. G., Jr. (1981). Cognitive and ethical growth : The making of meaning. In A. W. Chickering (Ed.), *The modern American college*. San Francisco : Jossey-Bass. pp. 76–116.

Pliner, P., & Chaiken, S. (1990). Eating, social motives, and self-presentation in women and men. *Journal of Experimental Social Psychology*, **26**, 240–254.

Rogers, P. J., & Hill, A. J. (1989). Breakdown of dietary restraint following mere exposure to food stimuli : Interrelationships between restraint, hunger, salivation, and food intake. *Addictive Behaviors*, **14**, 387–397.

Ross, H., Brodie, E., & Benson, A. (1984). Mass discrimination during prolonged weightlessness.*Science*, **225**, 219–221.

Rubin, E. (1921). *Visuell Wahrgenommene Figuren : Studien in Psychologisher Analyse mit 13 Abbildungen*. Berlin : Gyldendalske Boghandel.

Ryan, M. P. (1984a). Monitoring text comprehension : Individual differences in epistemological standards. *Journal of Educational Psychology*, **76**, 248–258.

Ryan, M. P. (1984b). Conceptions of prose coherence : Individual differences in epistemological standards. *Journal of Educational Psychology*, **76**, 1226–1238.

Savelsbergh, G. J. P., Whiting, H. T. A., & Bootsma, R. J. (1991). Grasping tau. *Journal of Experimental Psychology : Human Perception and Performance*, **17**, 315–322.

Sellin, T., & Wolfgang, M. E.（1964）. *The measurement of delinquency.* New York : Wiley.

Shank, R. C., & Abelson, R. P.（1977）. *Scripts, plans, goals and understanding.* Hillsdale, NJ : Lawrence Erlbaum Associates.

Stein, N. L., & Nezworski, T.（1978）. The effects of organization and instructional set on story memory. *Discourse Processes*, **1**, 177–193.

Stevens, S. S.（1957）. On the psychophysical law. *Psychological Review*, **64**, 153–181.

Stevens, S. S.（1958）. Problems and methods of Psychophysics, *Psychological Bulletin*, **54**, 177–196.

Stevens, S. S.（1971）. Issues in psychophysical measurement. *Psychological Review*, **78**, 426–450.

Stevens, S. S.（1975）. *Psychophysics : Introduction to its perceptual, neural and social prospects.* New York : Wiley.

Stevens, J. C., & Mack, J. D.（1959）. Scales of apparent force. *Journal of Experimental Psychology*, **58**, 405–413.

Turner, M. L., & Engle, R. W.（1989）. Is working memory task dependent? *Journal of Memory and Language*, **28**, 127–154.

梅沢章男（一九九一）学習者の映像情報処理過程と教育方法　教育工学関連学会協会連合会第３回全国大会講演論文集、pp.六二一–六二四

Vandierendonck, A., & Damme, R. V.（1988）. Schema anticipation in recall : Memory process or report strategy? *Psychological Research*, **50**, 116–122.

Venturino, M., & Gagnon, D. A.（1992）. Information tradeoffs in complex stimulus structure : Local and global levels in naturalistic scenes. *Perception and Psychophysics*, **52**, 425–436.

Verfaillie, K., & d'Ydewalle, G.（1991）. Representational momentum and event course anticipation in the perception of implied periodical motions. *Journal of Experimental Psychology : Learning, Memory, and*

Cognition, **17**, 302–313.
和田陽平・大山　正・今井省吾編（一九六九）感覚・知覚心理学ハンドブック　誠信書房
Ward, L. M. (1982). Determinants of attention to local and global features of visual forms. *Journal of Experimental Psychology : Human Perception and Performance*, **8**, 562–581.
Wickens, C. D. (1980). The structure of attentional resources. In R. Nickerson (Ed.), *Attention and performance VIII*. Hillsdale, NJ : Lawrence Erlbaum. pp. 239–257.
Wickens, C. D. (1984). Processing resources in attention. In R. Parasuraman & D. R. Davies (Eds.), *Varieties of attention*. London : Academic Press. pp. 63–102.
Wickens, C. D. (2002). Multiple resources and performance prediction. *Theoretical Issues in Ergonomics Science*, **3**, 159–177.
Wilkinson, W. K., & Maxwell, S. (1991). The influence of college students' epistemological style on selected problem-solving processes. *Research in Higher Education*, **32**, 333–350.
Witkin, H. A., & Asch, S. L. (1948). Studies in space orientation Ⅳ : Further experiments on perception of the upright with displayed visual fields. *Journal of Experimental Psychology*, **38**, 762–782.
山口節郎（一九九二）多元的見方と自己省察　中島義明・井上　俊・友田泰正（編）人間科学への招待　有斐閣　pp. 四一–四三
Yarbus, A. L. (1967). *Eye movement and vision*. New York : Plenum.
Yussen, S., Mathews, S., Huang, S-T., & Evans, R. (1988). The robustness and temporal course of the story schema's influence on recall. *Journal of Experimental Psychology : Learning, Memory, and Cognition*, **14**, 173–179.
Zimmer, A. C. (1986). What makes the eye intelligent? *Gestalt Theory*, **8**, 256–279.

【わ行】

【ま行】

【や行】

【ら行】

【は行】

【た行】

【な行】

【さ行】

事 項 索 引

人 名 索 引

—— 著 者 略 歴 ——

1967年　東京大学文学部心理学専修課程卒業
1972年　東京大学大学院人文科学研究科博士課程単位取得退学
　　　　（心理学専攻）
1972年　東京大学助手
1977年　文学博士（東京大学）
1980年　金沢大学文学部助教授
1983年　大阪大学人間科学部助教授
1989年　大阪大学人間科学部教授
1998年　大阪大学大学院人間科学研究科長・学部長
～2000年
2003年　大阪大学名誉教授
2003年　早稲田大学人間科学部教授
　　　　現在に至る
2006年　早稲田大学大学院人間科学研究科長
～2008年

情報の人間科学—認知心理学から考える—

2007 年 9 月10日　初版第 1 刷発行
2014 年 6 月15日　初版第 4 刷発行

検印省略

著　者　中《なか》　島《じま》　義《よし》　明《あき》
発 行 者　株式会社　コ ロ ナ 社
　　　　　代 表 者　牛 来 真 也
印 刷 所　萩 原 印 刷 株 式 会 社

112-0011　東京都文京区千石 4-46-10
発行所　株式会社　**コ　ロ　ナ　社**
CORONA PUBLISHING CO., LTD.
Tokyo　Japan
振替00140-8-14844・電話(03)3941-3131(代)
ホームページ　http://www.coronasha.co.jp

ISBN 978-4-339-07786-5　（水谷）　（製本：牧製本印刷）
Printed in Japan